超级识谎术
YOU'RE LYING!

[美] 丽娜·西斯科 著
原正飞 译

让你更好地掌控社交生活

版 武汉出版社

（鄂）新登字 08 号

图书在版编目（CIP）数据

超级识谎术 / 西斯科著；原正飞译. -- 武汉：武汉出版社，2016.4（2018.4重印）

ISBN 978-7-5430-9631-8

Ⅰ.①超… Ⅱ.①西…②原… Ⅲ.①心理交往－通俗读物 Ⅳ.①C912.3-49

中国版本图书馆CIP数据核字(2015)第265300号

著作权合同登记号：图字 17-2015-308

YOU'RE LYING! © 2015 Lena Sisco
Original English language edition published by The Career Press,
220 West Parkway, Unit 12, Pompton Plains, NJ 07444 USA.
All rights reserved.

著　　者：	[美] 丽娜•西斯科
译　　者：	原正飞
责任编辑：	唐瑞雯
封面设计：	门乃婷工作室
出　　版：	武汉出版社
社　　址：	武汉市江汉区新华路490号　邮　编：430015
电　　话：	（027）85606403　85600625

http://www.whcbs.com　E-mail:zbs@whcbs.com

印　刷：	三河市金元印装有限公司	经　销：	新华书店
开　本：	710mm×1000mm　1/16		
印　张：	16	字　数：	185 千字
版　次：	2016 年 4 月第 1 版	2018 年 4 月第 2 次印刷	
定　价：	38.00 元		

版权所有•翻版必究

如有质量问题，由承印厂负责调换。

自序

"你人实在太好了,应该加入穆斯林。但你应该清楚,虽然我很喜欢你,可要在大街上碰到你,我还是会宰了你。"这是我在古巴关塔那摩审讯一个拘留犯时他说过的话。我很高兴能和他建立一种良好关系,并从中获得了很多信息。我只要确保自己不在大街上撞见他就行了(其实这点我根本不用担心)。

写这本书是为了和大家分享我在人际交往、建立良好关系、肢体语言分析和测谎方面的一些人生阅历。读了这本书,你会知道测谎术的很多奥秘,明白许多专业人士将肢体语言当作巫术,经常质疑肢体语言的原因,还会了解到肢体语言是如何在五步法(R-E-B-L-E)肢体语言分析里运作的,以及它的运作原理。

通过学习浅显易懂的五步法,你将掌握准确解读肢体语言的方法,能够辨别语言和非语言中的破绽,从而得到真相。毕竟我们学习解读肢体

语言和辨别欺骗行为，就是为了获得真相，不然还有什么意义呢？

我将分享自己与恐怖分子建立良好关系，取得他们的信任，获得他们手中情报的秘诀，透过我的这些经历，你将看见一个女军审员的人生。

本书会教给你：我在进行基线分析时的三条黄金法则（在你自认可以检测谎言前，知道这些非常必要），准确地辨别语言和非语言性破绽的技巧，以及发现这些欺诈信息时的应对方法。本书也会告诉你如何进行有效提问、掌控谈话、在保持融洽关系的情况下提取真相，等等。

人们每天都会有意无意地用肢体语言和周边的人交流互动，建立良好关系或解除关系。（我一直觉得肢体语言研究应该包含在社会科学里面。因为从定义来看，社会科学是指在社会范围内来研究人与人之间关系的科学。）从书中你还会学到一些技巧，比如，如何与其他人建立良好关系，如何启发自己和他人，如何赢取别人的信任，如何让人家想与你真诚相处。

作为一名军审员，我曾用这些方法从基地组织和塔利班成员那里获得情报，挽救无辜生命，并为证实恐怖分子的战争恶行提供证据。相信这些方法不仅适用于执法人员和侦查员，如果销售员、医生、护士、律师、法官、教师、辅导员、理疗师等将之运用于日常生活中，也都会从中获益。

例如，你会得到该有的晋升；辨别孩子在嗑药的事儿上有没有撒谎；跟客户建立良好关系，了解他们的真正所需；判断证人是否知情不报；调整自己的肢体语言去和别人进行更有效的沟通，展示自己的魅力，赢得别人的真诚相待、尊重和追随；更好地和同事相处，完成团队任务，通过帮助客户来提高你的利润；得到罪犯的信任和尊重来唤醒他们的忏悔之心；当直觉告诉你他没有做到知无不言时，能在不破坏你们关系的前提下，巧妙地利用直觉去发掘真相……

在读过本书和吸收了书内的信息后，你就会有信心借助对方语言或非语言破绽来破解其肢体语言的含义，从而知道谁想从你的私生活和职场里获利。

在被别人利用的时候，我们大都能感觉到，但我们经常不太相信直觉，或者是发现了却不知该采取什么应对措施。我的五步法会让你首先了解到自己为什么会有直觉，敢于相信直觉去争取自己应得的东西：尊重和事实。你或许会问，五步法能否帮你辨明在乎的人有没有撒谎，配偶有没有欺骗，能否在打牌或跟热恋的人约会时派上用场，能否帮你搞定一个大合同……诸如此类或更多问题的答案，我要告诉你的是一个不折不扣的"能"。

关于肢体语言、测谎、建立良好关系等方面的书籍，可以说已出版了很多很多，其中有的还是比较出名的同事甚至我自己写的，但这本书却是唯一一本我通过自己的观点，结合自身独特实践和所学知识，迫切想向你推荐的书。书集教育性与娱乐性为一体，在最后一章会有一个清单，也就是一个针对该书涉及的技巧和方法的快速阅读指南。我的期望就是，你能学会本书教你的技能并运用到生活中去。

我教你解读肢体语言原因有三：第一，这是我的爱好；第二，不论你想建立良好关系，还是提高沟通技能，或是测谎、获取真相，它都能助你一臂之力；第三，人都需要和他人沟通互动，无论你从事什么职业，你都应该掌握这些技能。我的目标就是教给大家这些技能，让大家走向成功，不被别人利用或欺骗。

我学习肢体语言解读基本靠的是实践而不是读死书。我既没上过心理课，也没接受过正规的人类思维研读培训。肢体语言解读和人际交往

方面的经验来源于我早先从事的考古工作，来源于人类学和考古学的在校学习，来源于我曾接受过的战俘审讯培训，还有我在世界反恐怖战争时，花了无数时间来审讯基地组织和塔利班成员的经历。

经过反反复复的尝试后，我开始潜心钻研肢体语言、人的情绪和人际沟通，并参加其他专家组织的培训，还借助荣格人格类型的相关参考书和手写文献，自学了人格分析。为了证实它们能否在我和学生的交流中起到作用，我专门花了两年时间，用这些参考资料来指导自己的学生，实践证明效果确实不错！

真心希望自己在本书里分享的经验和知识能给你带来个人和事业上的成功，希望你很享受人类行为艺术与科学之间的互动，希望我的五步法能对你的日常生活有所帮助。

Contents 目录

前言 / 1

第一章　识别欺骗靠的并非是读心术 / 001

我不会读心术，但我能解读你的面部表情和体态，而这足以给我许多信息，让我明白你此刻的真实想法。

我最常用的三个技巧：建立良好关系、识别语言和非语言破绽、利用高明的提问。

第二章　人为什么撒谎 / 011

我将说谎者分为两种类型：一种是普通小骗子，一种是专业撒谎家。前者说谎的时候会觉得紧张，释放皮质醇，身体会因压力出现一些生理反应。

至于专业撒谎家，说谎时不会紧张，他们还为此感到亢奋，所以他们身体内释放的不是皮质醇，而是一种难以定义的多巴胺。

第三章　人工测谎VS机器测谎　/ 027

在甄别谎言上，我还是更相信肢体语言专家。你知道吗？测谎仪是不能识别谎言的，它能识别的只是压力，当然还能测试心跳、脉冲、肌张力，甚至汗水，对那些一撒谎就紧张焦虑的家伙而言，测谎仪是挺不错的。

第四章　解读肢体语言的五步法（R-E-B-L-E）　/ 041

我创造的五步法，简称R-E-B-L-E，是用来甄别谎言获取事实的方法，学起来并不难。

我相信每个人都该有坚持自己观点的勇气，都有表达内心所想的勇气，做他们认为正确的事情。也许你能借助我的五步法，成为一个真正的"叛逆者"。一旦你拥有了这种勇气，那就再也不会失去它，你的勇气和信心会使你变得更强大。

第五章　R —— 放松　/ 047

五步法的第一步就是放松（Relax），这一步很大程度上都与培养自信、克服恐惧有关。

我们每个人都有恐惧都会焦虑，那怎么克服呢？不管你信不信，你都能通过能量姿势给自己身体定位，达到这个目的。

第六章　E —— 建立良好关系：让别人喜欢你　/ 081

此章不仅有助于提高你人际交流的技巧，也是我所创造的五步法中的重要一步。

建立共同点只是建立良好关系的一个技巧，接下来我还会给你另外10个让别人喜欢你、信任你的诀窍；以及跟你分享其他5个小贴士，帮你实现个人或职场上的有效沟通，建立互尊互惠的关系。

第七章　性格偏好：如何改变自己的性格偏好来赢得别人的欢心　/ 117

知道自己和他人的性格偏好会给你帮大忙的，与人互动、做生意、做交易、安排主持会议、谈判、传递信息、分配任务、筛选合适的员工、指导、训练，等等，都能受惠于对性格偏好的了解。

第八章　B —— 基线：动用你所有的感觉　/ 131

我们需要在别人讲话时，将所有感官——尤其是眼睛和耳朵调动起来。我们要集中注意力，获得他人泄露的微妙线索和露出的马脚，然后比较口头语言和身体的非语言信息，请记住：在整个过程中，精确地把握时间十分重要！

这章我还会和大家分享我测谎的三条黄金法则：基线，破绽群，情境。

第九章　L —— 寻找偏离：行为的不一致性　/　143

　　在本章中，我将从脸部微表情的情绪泄密、头部动作、撒谎的眼睛、嘴巴动作、手部动作，以及其他表示不确定的七大迹象，来展示如何观察人们的举止以及人们撒谎时会出现哪些暗示。从现在起，在你觉得别人对你撒谎时，你就可以试着找出他们露出的马脚。

第十章　E —— 提取真相：语言里的破绽　/　179

　　我会拆开句子，分析词语真正的意思。此外，我还会进行陈述分析。已退休的联邦副执法官马克·麦克利什，有26年的联邦执法经验，创造了"陈述分析"，通过分析他人的语言，来判定其有没有撒谎。

　　这一章我不仅会教你用四个步骤从撒谎者那里提取真相，还会教你识别11种常见的语言破绽。

第十一章　解读肢体语言技巧大盘点　/　223

　　◎请记得在测谎时使用三条黄金法则：划定基线，寻找破绽群，注意情境。
　　◎克服无意盲视和主观臆断。
　　◎三种谎言：虚假陈述、添油加醋和隐而不报。
　　◎两种类型的撒谎者：普通小骗子和专业撒谎家。
　　◎成为专业撒谎家的四大秘诀。
　　◎解读肢体语言并提取真相的五步法。

后记　/　233
作者简介　/　237
致谢　/　239

前言

若有人对你说"我see[1]你正在说的话了",其真正意思是他理解了你刚才说话的意思。但是,如果他用"我理解你说的话"来表达不是更准确吗?毕竟,我们虽然可以听到人们讲话,却看不到他们说话的真实意图(当然,手语表达除外)。

那如何才能真正看到人们在讲什么呢?事实上我们根本做不到。不过,我们可以看到别人是怎样形容事情的——他们的肢体语言、面部表情以及他们说话时所做的事情——正是这些让我们觉得自己能看懂他们说的话,只听口中所言可没这等功效!例如,我可以观察到,人们是如何通过词语、肢体语言、面部表情和某些生理反应的表征来撒谎的。

当我听到人们说"我see你正在说的话了"时,我明白他们是在告诉我,他们理解我所说的话。这使我想起纳维族的问候语,这个在电影

---

[1]译者注:原文为see,在英文中see有看见、理解等意思。

《阿凡达》中的潘多拉星球上土生土长的、虚构的文明，其问候语就是"我看见你了"，最终被翻译成"我能够看透你的灵魂，我懂你，我理解你"。这本书就是要详细分析听见、倾听和看懂之间的关系：听见人们说话的声音，倾听他们所用的具体词汇，看懂他们说话时的肢体语言和面部表情。

当我们所说的内容和我们肢体语言的表达方式匹配时，就是言行一致。二者不匹配时，就是言行错位。这种情况下，肢体动作和所说的词汇或隐藏在这些词汇背后的情绪是不一致的。我会教你如何辨别人们的言行，也会告诉你如何发现破绽（异常行为是压力的表征），还有判断某人是否在撒谎时，你必须要寻找破绽群的原因。尽管词语和声音在辨识骗局中是重要依据，但你很快就会发现，理解言外之意远比只听到他们所用的词语更重要。

在电影《阿凡达》中，当纳维人说"我看见你了"时，他们其实是感觉到了别人的真实情绪和内在精神，能产生情感共鸣、心领神会。情感共鸣是建立良好关系的关键，而良好关系的建立又是赢得他人欢心、信任和尊重的过程。

练瑜伽时，我发现了纳维族问候语和梵语词汇"合十礼"之间的关联。在每期瑜伽课程结束后，我都要做合十礼。这个词汇囊括了我的信仰——我们每个人的内心深处都有一簇神圣的火花，它是一个灵魂对另一个灵魂的回应。

你或许听过这种说法：如果你深深地注视某人的眼睛，你就能看穿他的灵魂。你想过没，灵魂为什么如此特别？因为灵魂是自我的本质，无法隐藏，无法欺骗，无法伪造。所以，我们知道什么时候我们没有忠于自己的内心，也知道什么时候我们在欺骗别人。我们真的无法愚弄自

前言 Preface

己！此外，为什么你认为眼睛是通往心灵的窗户？或许是因为眼睛如此的传神吧，眼球的转动几乎不受控制，更不要说隐藏真实的感情或情绪了。

如果你想成为肢体语言专家并运用肢体语言来窥探骗局，建立良好关系，强化综合人际交流技巧，你就需要具备判断言外之意的能力。巧妙处理吧，因为这是人类艺术和科学碰撞的火花地带。

虽说读完这本书，你可能还无法具备看穿他人灵魂的能力，但却能对别人何时自欺自瞒，特别是何时对你行事有诈了然于心，这也是我写此书的初衷。

合十礼。

第一章

识别欺骗靠的并非是读心术

我不会读心术,但我能解读你的面部表情和体态,而这足以给我许多信息,让我明白你此刻的真实想法。

我最常用的三个技巧:建立良好关系、识别语言和非语言破绽、利用高明的提问。

你知道吗？唯一的普世语言就是肢体语言。文化、性别、年龄几乎影响不了它的普世性。肢体语言唯一受文化影响的无非表现在具体的头姿、手势，以及对个人空间的认识上。

人在焦虑、压力下的姿势和流露的情感其实大同小异。然而这并不能说明识别欺骗很容易，相反，谎言的识别并不像科学那样具有精确的可操作性，实施起来还是有一定难度的。

我并非有意打击你的积极性，只是告诉你需要为现实做好心理准备。你得有相应的高明技巧，还得会识别数百种语言及非语言破绽（偏离正常行为习惯的异常变化），并以此判断这家伙是否在撒谎。如果确定他在撒谎，于己于人，你都有责任去查明真相。

所以说识别欺骗只是完成了一半任务，加上提取真相这一半才算完

整。反过来说，若不想提取真相，又何必自找麻烦去甄别真假呢？

　　普通的欺骗现象、肢体语言中的马脚（诸如交叉双臂、快速眨眼、耸肩、试图伪装笑容等），了解起来倒不难。然而这些异常并非全是充分的欺骗表征，有的只不过是冥想、压力、焦灼，甚至尴尬的表现。

　　作为前国防部认证的军审员，我经常判别拘留犯语言和非语言中的真伪，结果甚是准确，但即使如此，依然不是100%的无误。任何人如果自认水平很高，辨识欺骗，从不出错，都可以找我挑战一下。有人用"欺骗识别专家"这个词来描述自己，有人则用"肢体语言专家"，我比较倾向于后者，因为我根本不相信有人能自始至终地准确识别欺骗，只能说我们能很接近，甚至99%地接近真相。

　　这本书中谈到的所有技巧和工具我都用过，从收集的可信情报上看，我的确是获得了巨大的成功。因为这些情报泄露了恐怖分子和国外武装分子的身份、任务、集训营地点，以及他们培训、筹资、招募新员、沟通交流、看待西方的方式，而所有信息都在挫败后来的袭击、抓捕其他恐怖分子和拯救生命时派上了用场。

　　当我告诉人们我会解读肢体语言时，他们往往会这样问："那你觉得我此刻正在想什么？"对此，我只想说我能解读肢体语言，但并不代表我会读心术，尽管我真心希望自己能！

　　两者的区别，甚至在我公司的格言里都有体现："动身，改变思想；识身，影响四方。"明白点说就是，当我教人如何感到自信，从而使他们在公共场合的讲话和工作面试中表现出色时，我告诉他们的是——首先要看着很自信。

　　一旦他们移动自己的身体，比如摆成自信或能量姿势时（第五章我会谈到能量姿势），他们就开始有自信感了。我曾对自己的学生说："如果你自觉愚蠢，那你看上去就像个蠢蛋。"所幸，反之亦然。如果你看着自信，那你就会倍感自信。

当你学会准确地解读肢体语言时——读完这本书你就掌握了此种能力——你就能影响别人，使其喜欢你、尊重你、信任你，愿意与你以诚相待。

这会儿清楚了吧，我不会读心术，但我能解读你的面部表情和体态，而这足以给我许多信息，让我明白你此刻的真实想法。尽管你口口声声称"我发誓这不是我"，但你说话时却侧着身，耸着肩，还试图隐藏你的笑意，你的动作出卖了你，使我知晓你其实要说的就是你自己。当然，这跟读心术无关，我依然不能读出你的心思！

如今，为了提高员工的沟通能力与自信心，促成良好关系的建立，很多公司和机构都会进行非语言交流的培训。可以说，小到便利店主，大至企业家，人人都从中受益匪浅。

然而，也有持不同意见者，大约有二十几个，他们对此进行了驳斥，视之为巫术学——充其量就是小戏法，说难听点，完全不可信。而我认为这些问题的关键在于——如何进行肢体语言解读和识别欺骗的教与学上。

比如，有些人因为看了电视剧《别对我说谎》[1]，就自认为是肢体语言专家，但是别忘了，电视剧忽略了两大识别谎言和发掘真相的重要元素：建立个人基线[2]（至少便于你发现行为与基本习惯的偏离，行为的不一致性）；知道如何辨认出你看到基线偏离的确切时刻，继而通过

---

[1] 译者注：《别对我说谎》（Lie to me）是由美国福克斯广播公司出品的电视剧。该剧灵感源于行为学专家保罗·艾克曼博士的真实研究以及畅销书Telling Lies，每集剧情为一个简短的故事，卡尔·莱特曼通过对人面部表情和身体动作的观察，来还原故事真相。三季美剧分别在2009年、2010年、2011年播出。

[2] 译者注：基线在心理学上指一个人正常状态下的基本行为习惯，包括语言和非语言的习惯。

精确提问探究，了解起初何以会出现行为异常。是他在撒谎，还是另有他因？

通过解读肢体语言发掘欺骗的老方法会让大家相信，发现某一特别的欺骗表征时，就自然意味着某人正在撒谎。其实并非如此。要是某人说她不知道你放在柜台上的钱怎么了时耸了一下肩膀，这并不能说明她知道钱在哪儿，她对你撒谎了。耸肩通常暗示了不确定，但此时此境下，并不一定意味着此人不确定钱的下落，也可能是她正在想刚被拒付而退回的支票，寻思她的钱到底去哪儿了。

不管怎样，有件事必须记住，当你错误地指控别人撒谎时，你可能会失去他人对你的信任，同时也丧失你的可信度。

有些参加肢体语言训练的人认为他们已经是读心大师了，事实远非如此。如果你曾看过魔术师克里斯·安吉尔[1]的表演，你可能会发誓说他就是个读心人。但他其实并不是。他创造幻觉，影响人们，解读肢体语言（包括微表情），擅长所有一切。

有一次他让名嘴奥普拉在1-100中任意想一个数字，好让他猜猜到底是哪个。当然他猜对了，奥普拉想的数字是11。

首先，他将自己注定成功的结果植入奥普拉脑海中："我即将向你展示我如何利用心理，如何研究你的惯用动作，从而进入你的头脑，告诉你你正在想什么。"

当他开始给数字分组，以便缩小猜测范围，看哪一组包含了奥普拉所想的数字时，奥普拉轻微地睁大了眼睛，张开了嘴巴，他问她数字是否在1-15之间时，奥普拉的眼睛和神情已经告诉他所需知道的一切了。

---

[1]译者注：克里斯·安吉尔（Criss Angel）1967年12月19日出生于美国纽约长岛，是街头魔术师、音乐家、艺术家。他于2005年获得由美国好莱坞魔术艺术学院颁发的"年度魔术师"大奖。

当然，我确定克里斯也用到了我所不知晓的魔术师技巧，但即使如此，他的猜测依然是靠奥普拉的微表情得以确认的。

但克里斯是如何想到11的呢？回顾一下，你是否总在11:11看手表？我几乎天天这么做。数字命理学家相信11:11代表同步性[1]，注意到那个数字并非偶然的巧合，而是有意的巧合。

本书第七章谈得较多的瑞士心理学家荣格，就是第一个写文章阐释同步性的人。他用极其科学的散文描述了那些起初看着是偶然，事实上并非偶然的事件是怎样存在因果联系的，我就用自己最喜欢的话来总结一下他的理论：事发必有因。

现在我们回到数字11，为什么我们总是在11:11看钟表？为什么奥普拉选择数字11？为什么这本书有11章？所有这些都是巧合吗？或者说我们都下意识地被引向了11，无论是看，写，还是想，都与11相关？

可惜，我不知道这些问题的答案。但奥普拉选择一个同步数开始的事实，以及克里斯看到她嘴唇轻微张开，眼睛因吃惊于他研究出其数字而略微睁大的事实，都能帮克里斯做出正确的猜测。

而且，奥普拉最初在大白纸板上写下数字，并给观众看时，她用了欧式向上提一笔的方法，而非美式的顺滑线条来写两个1，观众中明显有人问到这个数是什么，或许她从没见过这样写1的方式，此时克里斯听到奥普拉向她的观众问道："老天，你难道不知道这是什么吗？"观众们哈哈大笑，她又写下11，这次用了美国书法家帕尔默的书写方式，垂直写下，再次展示给观众，他们的笑声更大了，她又问道："这下大家都知道是什么数字了吧？"

克里斯肯定知道只有两个数字能有不同的写法，1和7。作为前考古

---

[1]译者注：同步性又称为巧合或意外，被认为是由存在于自然核心之处的某种伟大且无处不在的智慧精心设计而成，通过灵魂的媒介在我们每个人身上体现出来。

学家，我被老师教导用欧洲大陆的方式写数字，以避免混淆，所以我写1的时候要带钩，而写7时要有斜杠。

最后的结果是——我打赌克里斯也会告诉你——克里斯不会读心术，但他是个很高明的观察者，能注意到许多人不曾注意到的很多东西。读完这本书，你会跟克里斯、我和其他肢体语言专家一样，观察到一些东西，利用它们获得优势。当你能够准确地解读肢体语言、辨识谎言后，你基本上就是一名分析师了。

利用肢体语言发现谎言是有一个完整过程的，在这个过程中应时刻遵从我的三条黄金法则（第八章会谈到）。简单介绍一下黄金法则：你需要研究一个人的肢体语言，为之建立常规肢体基线，然后将其语言与肢体姿势对应着看，从中发现与基线偏离的破绽。当然一个破绽是不充分的，你得找到破绽群，评估你看到它们出现过的语境。

知道某人的肢体语言基线后，你就能注意到有无偏离、异常现象了。比如，我来自罗得岛州，是半个意大利人，所以我说话时声音又大语速又快，还一副手舞足蹈的样子。事实上，当我真的特兴奋地说话时，大家知道我会不小心碰到人，这对我而言就是正常的肢体行为。如果某个时候，我说话不再手舞足蹈了，这可能表示与我的常规基线行为有了偏离。是因为我撒谎了吗？此时，你根本就无法搞清楚，不过你明白这就是偏离，是破绽，有待深入探讨就可以了。

再次强调，一处破绽并不足以说明什么，一连串才可以。如果你想弄清我是否在撒谎，你需要在发现破绽时，小心提问，就我谈的话题进行深入探索，看能否发现下一处破绽。看到了吧，识别欺骗的过程并非如人们想得那般简单，它是个讲究方式的过程，接下来几章我就告诉你如何才能做到。

同时，你还会学到人们是怎么撒谎欺瞒的，他们为什么要这么做，以及怎么在保持尊重和良好关系的情况下提取真相。

你难道不想知道如何让罪犯喜欢上你，甘愿告诉你事实吗？你不想知道如何在竞争激烈的情况下占据上风，留下绝佳的第一印象吗？你不想看起来更自信吗？

你不想让他人听你不得不说的话，还把你当成领导并尊重你吗？你不想知道你的新员工有没有从你的公司中揩油吗？你女儿是否被欺负了？儿子是不是在吸毒？

你的同事是否为了得到你也渴求的晋升而向老板撒谎了？目击证人是否故意在证词中省略了细节？已被判刑的重罪犯是否在其受害者的下落上有欺瞒？求职者有没有在其资历上说谎？病人有没有为了得到处方药对你撒谎？

……如果你对此类问题大有兴趣，想掌握私人生活和职业生涯中的成功技巧，那就接着往下读。

相信每个人，不管专业目标或个人目标是什么，都应该拥有这些能掌控自己生活、识别欺骗、获得尊重、知道真相的技巧。

不论你是在跟谁谈话，一个不愿告诉你下一轮恐怖袭击何时开始的拘留犯，某个欲宰你一笔的推销员，或是明明欺负了你的小孩还声称无辜的孩童，请相信知识是强大的，所以尽管把我在此传授给你的知识于日常生活中派上用场吧。当然，这本书不仅仅是一个军审员分享的捕谎经，它还对提高你与他人互动的整体能力有所帮助。

不过，捕获谎言的确是我的强项。在我接受军审员培训时，他们教了我各种审讯技巧：建立良好关系，识别谎言，洞悉敌人战俘心理，跨文化交流，如何恰当提问，如何充分利用信息，怎么与口译员合作，如何整理反馈我收集到的内容……

可以说培训的技巧是面面俱到。但最让我受用的则是这三个：建立

良好关系、识别语言和非语言破绽、利用高明的提问技巧。如果你打算以解读肢体语言及辨识谎言为生，不管是以励志演说家的身份教人们这些技巧，还是像我一样把这些技巧当成专业工具用，由于你的信誉（或你解读对象的信誉和生活）并非总能处于稳定的状态，所以要想获得成功，事先必须要做好承担失败的心理准备。

第二章
人为什么撒谎

我将说谎者分为两种类型：一种是普通小骗子，一种是专业撒谎家。前者说谎的时候会觉得紧张，释放皮质醇，身体会因压力出现一些生理反应。

至于专业撒谎家，说谎时不会紧张，他们还为此感到亢奋，所以他们身体内释放的不是皮质醇，而是一种难以定义的多巴胺。

第二章
人为什么撒谎

我们都在撒谎。是的，甚至包括你！

人们因各种缘由撒谎。有些人为了自保，使自己免受恐惧、痛苦、内疚、羞愧和难堪而撒谎；有些人因顾忌他人的感受撒谎；有些人为融入周围环境、躲避冲突、避免伤害某个所爱的人而撒谎；有些人撒谎，纯粹因为那是他们的工作；有些人撒谎，只是因为他们觉得自己可以侥幸逃脱，或纯粹就是想让你难受。

有些具有号召力的反社会者用不停撒谎的方式来达到一己私利，对给别人带来的后果根本不予考虑；有些强迫性说谎者就是撒谎成性，觉得说真话会感到尴尬；有些则是专业撒谎家，这类人精通说谎的艺术，以此为生；当然还有其他形形色色的撒谎者。

或许你会想：我是一个平时爱撒谎的人吗？只须想一下家里电话铃

响了，而你知道那是你不想与之说话的家伙打来的，你有没有告诉过配偶或孩子，让他跟对方说，你这会儿不方便接，或者不在家之类的话？这会儿你就是在撒谎。

再想想，你最好的朋友可曾问过你："你觉得我的新紧身牛仔裤咋样？"很明显裤子小了两个尺码，结果你还一边心里感叹她穿上去该多违和啊，一边违心地说："看上去真不错啊！"

再有，你老妈打电话问你是否记得你老爸的生日是周五时，你说："当然记得啊，妈妈。"却一手赶紧记下要给爸爸邮寄张生日贺卡。还有就是医生问你多久锻炼一次时，你会告诉他一周三次，其实你很清楚，自己一周只挤出来了20分钟的锻炼时间。哎，我都不用说了，这明摆着就是说假话！

我在军队时是个"专业撒谎家"，我告诉该为恐怖袭击负责的拘留犯，我会尽己所能让他们从监狱出来，释放他们回出生地；我还告诉塔利班成员，我个人理解他们为什么针对西方发动圣战，而且美国本来就不应涉足阿富汗，还有恐怖主义核心中坚者被抓，被投入监狱，我都深表同情……之所以这么撒谎，是因为获得情报是我的职责所在。

三种撒谎的方式

撒谎的方式有三种：虚假陈述、添油加醋、隐而不报。你可以通过说些本来就不真实的事来撒谎，也可以通过对情节添油加醋的方式撒谎，还能以隐而不报的省略方式，尤其是故意遗漏事件某部分的特殊细节来撒谎。

知道吗？十有九人在自己的简历上撒谎，故意说得自己多能干多有责任感。假如你就是人事部经理，你不想知道简历的真相吗？同样，我说我跟一群A类特质（具有偏执性人格障碍）的人一起工作，不幸的是，我不过是一人奋战罢了。因为竞争太激烈，我们不得不让自己事事都做到最好。就如影片中战事激烈之时，总会有越来越刺激的细节，不过谁能保证这些细节没有被描绘得天花乱坠？可以说大多时候这种精彩的故事都有添油加醋的成分。

举个例子来说一下隐而不报故意省略的撒谎方式。你妻子问明天谁跟你一起出差，而你知道公司新雇的年轻、有魅力的单身女律师助理会一起去，此时你就会以故意省略的方式来撒谎，说约翰、皮特和你一起去。或许你不告诉妻子她也要去，只是不想让妻子有任何顾虑，因为你对20岁的年轻女律师助理根本就不感冒，而且还很得意自己是已婚男。

假如以上属实，那为什么要故意隐去她也要去的事实呢？据我上面列的种种理由，可见撒谎并不总是为了一己私欲，有时或许只是想避免别人产生不悦，保持和睦而已。

所以在两个人的亲密关系中，关键是要知道对方偏爱的交流方式。他是喜欢你委婉点，省却不必要的冲突，还是喜欢你坦率点，告之所有细节而不管结果如何呢？

不管是哪一种，你都得尊重并使用他偏爱的方式，即使这种方式不是你喜欢的，至少对他来说也是一种让步吧。毕竟亲密关系说穿了就是信任和交流，一方不存在了，关系就没了。

我最成功的恋人关系、朋友关系和知己关系都是建立在双方同样坦诚的基础之上的。一旦你知道另一方最坏的一面，还能不离不弃时，接下来情况就会向着最好的一面发展。

我们都是人类，都会犯错误、做出错误判断，那就面对它。因为谁都至少搞砸过一次。我跟别人分享了自己一些最糟糕的错误，但如果他们知道后依旧喜欢我尊重我，那我就明白我们的关系是非常坚固的。

所以当你举棋不定，不知道是否该告诉你的朋友她的牛仔裤太紧了，或告诉你妻子出差时会有位年轻的女士同去的话，要去想想对方喜欢什么样的方式，而不是自己喜欢什么方式。

你的朋友或许会说："我觉得减掉9斤多的话，这条裤子就合适了。"你的妻子或许会说："我真的不在乎。想着我就好，回来后就准备咱俩的二人世界吧。"

若你能学会接受自己的错误和弱点，就会更容易接受别人的错误，相应地也更利于营造出相互尊重的氛围。只要你把自己和他人都当成普通人，不再忌讳缺陷，做到这些就不是难事。

我的建议是在亲密关系中，不要害怕分享一切，但首先你得清楚对方愿不愿意听，因为——30分钟惨痛对话的感受，跟你做了件蠢事后悔一辈子是等效的！

两种类型的撒谎者：普通小骗子VS专业撒谎家

普通小骗子

现在我们已经明白了人人都撒谎，或在某种程度上人人都撒过谎。此刻我就将说谎者分为两种类型：一种是普通小骗子，一种是专业撒谎家。

第二章
人为什么撒谎

前者说谎的时候会觉得紧张,因为一旦说谎,他们的压力就会随之增加,释放皮质醇,身体会因压力出现一些生理反应,诸如口干舌燥、脸红、心跳加速等。说谎导致的压力让他们倍加敏感,进而变成猜忌心重的人。

他们觉得人人都能看穿他们在说谎,所以就试图从身体上让自己变得微不足道,低头垂肩、臂膀内缩,回避眼神接触,交叉双腿双臂,甚至蜷缩成一团,音量变弱,音调增高都是让身体变得微不足道的表现。此外他们还会用开脱语把自己从谎言中解放出来。(第五章我会谈到人在压力之下,身体会发生什么变化。)

在这种情况下,他们的认知能力开始变差,记不住刚才说谎的细节。在第十章《提取真相》里,我会仔细展示如何抓住某人正在说谎的技巧,这些技巧证明了一个事实,即普通人撒谎时,认知能力都会下降。

烟酒火器管理局已退休的高级特工J.J.纽伯里是公认的真相奇才里的奇才,他认为已经有关于认知能力如何降低动作活力的研究了。认知能力涉及大脑的关键注意力技能、长/短期记忆、处理速度、视听变化、逻辑推理等[1]。意思就是说撒谎者在撒谎时,其肢体语言不怎么活跃,但大脑却全力运转,一旦开始或结束撒谎,就会露出破绽。

普通小骗子撒谎时会紧张焦虑,身体会有明显的生理反应。撒谎时会弄乱叙事的细节,或把细节直接忘得一干二净,不知不觉地转换人称、时态,还会有一系列的非语言破绽。具体我会在下面几页谈到。

---

[1]作者注:可在此查阅www.psychologytoday.com/experts/mr-jj-newberry和www.forensicpsychologyunbound.ws/OAJFP/Volume_2__2010_files/Vrij,%20et%20al.%202010.pdf

专业撒谎家

至于专业撒谎家，其表现恰恰与普通小骗子相反。他们会通过让自己看着更强悍的方式来撒谎，诸如借助臂膀动作占据更大的空间让自己看着更自信更有掌控力，巩固自己的立场，说话声音越来越激昂、亢奋。

他们利用使人信服的手段，而非传递信息的方式，因为撒谎能手通常是说服人相信某件事，只有说实话的人才会来传递一件事。

强悍的撒谎家享受说谎，所以身体内释放的不是皮质醇，而是一种难以定义的多巴胺。这种复杂的化学成分能通过中脑边缘路径将信息从一个神经元传递到另一个神经元，而中脑边缘路径则跟上瘾及性刺激相关。当然连科学家都认为多巴胺复杂得难以定义，这里我也并不打算给什么定义，重要的是知道强大的撒谎者说谎时不会紧张，不仅如此，他们还为此感到亢奋，说谎让他们倍儿爽。

所以这类说谎者的认知能力并不会下降，反而呈上升趋势。有的专业撒谎家还有上帝情结，认为自己比任何人都优越，说谎时根本就不会被普通人抓住，除非你跟他们一样聪明。不过即使如此，我们依旧能从中看出些端倪。

作为一个审讯员兼"专业撒谎家"，我经常被问到是怎么瓦解拘留犯的意志，让他们不再抵制从而说出真相，以及怎么粉碎他们持续说谎的决心的。我的回答是，我用蜂蜜而不是用醋来吸引更多的蜜蜂。

我身高约1.63米，体重大约113斤，体型上几乎不具任何威慑力。我并不能让拘留犯们惧怕我，但却得到了他们的喜欢，有些人甚至还很尊重我所做的事情。

事实上，我曾受邀去巴基斯坦，跟一个拘留犯的家人共进晚餐。另一个拘留犯还给我画了幅画，在画背面写了："祝你工作好运！"而你知道我的工作却是审讯他们!

换言之,我是一名优秀的推销员。我以兜售自由的方式来换取真实信息,当然我心里非常明白他们大多数人根本就无法获得自由,也不值得重新拥有自由,不过我还是坚持使他们信服(记住,我在自由上跟他们撒谎,用的是说服而不是传递的手段)自由是可以得到的,只要他们肯合作,肯告知真相。还有好多获取真相的手段,我会在这本书里一点一点地展示出来。

在此我必须得声明,不管最近美国参议院情报委员会的审讯和关押项目释放的是什么信号,2002年8月至12月在关塔那摩做军审员的那段时间里,我从没看到过,没听到过,也不知道任何针对关塔那摩拘留犯的身心虐待事件。

不幸的是从新闻上看,这种事可能在别的地方发生过。但要澄清的是我本人和关塔那摩其他的军审员都没折磨过拘留犯,相反,我们给他们提供茶点、什锦杂果、电影、书籍、游戏、糖果等任何他们想要使狱中生活变得可忍受的奖赏礼品。

而且,我们还从他们的故土进口美味。正是尊重和友好的关系让我们获得了不少信息。我离开后几年,工作人员已经给合作型的拘留犯建立了特别的营地,他们能在那里踢足球,培植自己的花园。这些可跟酷刑折磨差了十万八千里远!

其实几年前我就坚决肯定这份声明,我发誓跟在这里写的一模一样。但很明显,世界上总有压根就没去过关塔那摩的人声称那里的确存在严刑逼供。而我不幸就是这种声称的蒙冤者,他们就会说我言不由衷,做的是自己不懂的事。

这种不明事理的胡说八道太多了,我只好学会笑看它们。一次我妈给我打电话,十分沮丧地说她读了一篇华盛顿特区专栏作家写的文章,文章称我是摩洛伊斯兰解放阵线的成员，她说若非我弟弟告诉她那是什么的话，她还不知道解放阵线到底是啥，可我一点儿都不较真。感谢那些消息灵通的匿名专栏作家让他们看上去蠢不可及，因为他们写的根本就是无根无据的事，而且还成了我拿来应用的反面例子。

现在回到我如何售卖自由上，我必须得撒谎；我如何让他们相信这个谎言，因为我知道如何撒谎。但即使如此，我还是觉得不踏实，万一谎言被识破，他们就能通过谎言看到事实了。

所以我的建议是避免撒谎，尽量坦诚相待。如果你说实话，就会自我感觉良好，毕竟自重才能换来别人对自己的尊重。如果你想撒谎，那就是对自己和他人的不尊重，相应地你也很难去信任他人。

一般而言，不信任他人的人不会是个好的侦查员，因为他们总觉得所有一切都是谎言，每个行动都源于自私的目的，谎言无处不在，就连诚实的人也会被他们如此怀疑。如果你恰巧是其中一员，不相信任何人，那要想辨别真正的欺骗可能就很困难了。

这么说来，还有为说谎而存在的正当理由吗？我的答案是，没有。年纪越大，就越不喜欢以伪善的方式伤害他人了。实际上，比起因告之事实而伤了对方的感情，我认为伪善才更糟糕，说出真相的做法反倒能让他们从别人眼中或另一个角度重新审视自己。

虽然极其诚实地对待别人，也需要花时间来适应，但这让我发现自己更受尊重了，而且人际关系比之前更密切。真希望自己一直都能如此坦诚，可惜我年轻时缺乏这等信心，现在还得因工作需要而撒谎，以获取比诚实更有价值的情报。

读到这里，你该知道我更喜欢说真话。的确如此，我愿坦白撒谎者的秘密，希望你能从中明白有些人能谎话连篇并精通此技的原因。

当然，我并非要倡导你通过练习以下几步成为一名优秀的撒谎能手，因为无论如何，你都有可能露出破绽，因为读这本书的人大都不是专业、反社会或强迫性撒谎者。但知道人们如何精于编织谎言，对你辨识他们有无撒谎是大有裨益的。

练就专业撒谎家的四大秘招

1. 保持自信

首先让自己相信谎言，或说服自己你并没有撒谎。这需要很强的意志力，你得下意识地欺骗你的潜意识你并没有撒谎，同时保持镇定，对自己说"事实就是如此"（最好别用"这不是谎言"，因为较之否定句，肯定句更有积极作用）。

其次让部分谎言成为事实，这招能让你专注于事实，从而镇定下来。一旦你说服自己谎言是事实时，你的皮质醇就被抑制了，伴随而来的生理反应，诸如紧张、心跳加速、脉搏变快、出汗、口干舌燥、脸红、发抖、声颤等也会被抑制。

一般以添油加醋和隐而不报的方式撒谎要更容易些，因为里面至少还有些真实的成分。但要撒一个赤裸裸的谎言，那就困难多了。正因如此，许多撒谎的人才会尽量控制对话，只说真实的那部分。

大多数人内心还是愿意做个诚实人的，没人喜欢撒谎（除非你是个反社会的人），就连恐怖分子也不喜欢谎话，他们宁愿隔空喊话："我们今夜要袭击你们的收容所，丑陋肮脏的美国佬！"

2. 规避细节

言多必失！避免细节！大体说说即可。

言多必失对审讯员而言就是常识，我也经常拿来告诫自己的学生，强调详细信息的重要性。这种重要性是双重的：首先若细节就在供词里，那它会给审讯员发现谎言的优势，因为记住细节并不简单，尤其是编造的细节。

其次，细节的缺失本身就是很明显的标志，这意味着人们要么还不知道详情，要么就是试图掩盖事实。如果一个审讯员忽略了细节，他将无法察觉谎言，亦无法从拘留犯的谎言中提取出真相。你可以通过盘问谎言中的细节解开谎言，因为通常撒谎的人事后记不住说过的细节。

为了不让自己陷于不利局面，高明的撒谎者会避免给出详情。同时，他们会提供令人迷惑、模棱两可，需要进一步质问解释的信息。

这会激怒监听人或提问者，因为他们意识到自己根本得不到相关讯息。如果监听人或提问者受挫了，那说谎的人实际上已开始占上风了，他们保持镇定，通过"我注意到你变得沮丧或生气……"之类的话，来控制话语权。

撒谎的人用现在时来制造谎言，因为这些压根就没发生过。在被询问谎言里的事情时，他们可能会疏忽，依然用现在时来陈述。这种明显的言语欺骗可骗不过审讯员。

所以你要真想成为专业撒谎家，记着言多必失，提供大概就好。在第十章中，我会对此进行深入探讨。

3. 策划+准备

预测可能会被问到的问题，以及你能提供的答案。

撒谎的家伙回答问题时，会尽量不那么啰唆，但却经常适得其反，一旦他们开始漫无边际地乱说时，谎言就比较容易揭穿了，肢体语言辨识专家詹妮·德赖弗称之为"含糊其辞"。

比如，撒谎者倾向在他们的供词中提供不在犯罪现场的证明或做人品证人，而拒绝简单地回答是或不是。美国前国会议员安东尼·韦纳和前总统比尔·克林顿就是因此而声名狼藉的。看看他们的例子：

大家可以看看福克斯新闻频道在视频网站Youtube上发布的一段视频：国会议员代表韦纳针对"艳照门"事件作出的辩护[1]。

  记者："……情况并非如此……你说，一张猥亵照从你的推特账号上发给了一个大学生，请回答这个问题，是不是从你的推特账号上发出的……是你发的，还是不是你发的？"

  韦纳："如果我正在四万五千人面前做演讲，结果后排有人用馅饼砸我，或大声辱骂我，那别指望我会花演讲的另外两个小时来回应那个馅饼或羞辱言辞……"

  记者："你只需要说'不是'就行了。"

我同意记者的说法，直接说"不是"就行了。但他不能这么做，因为那样的话，就等于在电视上向记者说谎了。他当然也明白自己不会也不能说"不是"，他不能告诉每个知道他分明说的就是"是"的人"不

---

[1] 作者注：链接为http://www.youtube.com/watch?v=05-_LIOd5nM

是"。

你是不是觉得他的公共关系助手早该好好教他说一下"馅饼故事"。难道真的有人会从坐着四万五千人的屋子后排拿馅饼砸他？我可不认为那个馅饼能扔到发言席上，虽然只是一己之见。这种"馅饼故事"就是韦纳说的不知所云的话，他不过是要借此转移别人的注意力罢了。

现在来看看克林顿总统在莫妮卡·莱温斯基桃色事件上的供词：[1]

> 记者："如果莫妮卡·莱温斯基说您在总统办公室摸了她的胸，那她有没有说谎？"
>
> 克林顿：（停顿）"让我来解释一下这件事……"
>
> 记者："我真正需要知道的是总统先生——有没有，您没有在先前的基础上回复，也不计划作答吗？您知道我们只有四个小时，您的答语实在是太长了。"
>
> 克林顿："我知道……你们接着问。"
>
> 记者："问题是，如果莫妮卡·莱温斯基说您在总统办公室摸了她的胸，那她有没有说谎？"
>
> 克林顿："那不是我的印象，我的印象是我跟莱温斯基小姐没有性关系，关于这点，我还是维持之前的陈述。"

比尔·克林顿跟安东尼·韦纳存在同样的问题，他们就是不能说"没有"。难道你没注意到他们只需说"不"就行了吗？然而他们愣是不说！为什么？因为人们天性并不喜欢撒谎，更不想在电视上对着陪审团和数千名观众撒谎。

所以如果你不想因谎言受惩罚的话，那就对是或否的问题回答

---

[1] 作者注：链接为http://www.youtube.com/watch?v=ClfpG2-1Bv4

"是"或"不是"吧。第十章里我会进一步谈到撒谎者在回答是或否的问题上的无力感。

4. 与肢体语言保持一致

这或许是撒谎中最难搞定的一步了。

为了让言行一致，也就是说你的肢体语言与你撒谎时正说的话得相匹配，你必须清楚自己不说谎时的基线行为是怎样的，而除非有会读肢体语言的人来告诉你，你不撒谎时肢体语言的样子，不然你八成不知道自己的基线行为。

我会在第八章就解读和建立人们的基线行为做详细解说，这是我解读肢体语言五步法（R-E-B-L-E）中的第三步（B）。你的基线会告诉别人正常情况下，你的眼睛、身体、声音、演讲模式、面部表情是什么样的，同时通过基线还能确定你在某种状况下最可能出现的生理反应。如果你不是专业撒谎家的话，撒谎时就会表现出行为不一致，即我们所说的破绽、马脚。

最后，你需要知道撒谎的人总试图说服别人相信他的话，而说真话的人只是传递信息。

如果某人很卖力地要说服你相信他的话，比如昨夜他在家，并没跟朋友一起出去，或者对隔壁发生的盗窃事件他一无所知，直觉会告诉你别相信他。这时，你当然可以相信直觉，但不要匆匆就做出判断。在这本书中，你会同时学到获得真相和暂时不说穿事实的方法。

撒谎是困难的。或许你自认还算擅长撒谎，但我保证你甚至会在毫无感知的情况下泄露真相。撒谎时抑制皮质醇尤为困难，因为你会紧张。即使我们都说谎，但多数人还是更喜欢诚实待人，同时也想他人

能以诚待己。

　　我们更容易喜欢有吸引力的人、微笑的人、音调轻柔的人，因为这些人好像更值得相信、更强大。但我们确定的是人们依旧会尝试说谎，就算把柄被抓住的概率很高。唉，虽说撒谎人人都不可避免，可让别人来听一通谎言确实是不厚道的事。

第三章

人工测谎VS机器测谎

在甄别谎言上，我还是更相信肢体语言专家。你知道吗？测谎仪是不能识别谎言的，它能识别的只是压力，当然还能测试心跳、脉冲、肌张力，甚至汗水，对那些一撒谎就紧张焦虑的家伙而言，测谎仪是挺不错的。

"我现在告诉你的就是事实真相。"

要是这句话总能让你相信该多好啊！可惜，不论是肢体语言专家还是测谎仪都不能保证供述100%准确（当时100%准确）。但在甄别谎言上，我还是更相信肢体语言专家。

你知道吗？测谎仪是不能识别谎言的，它能识别的只是压力，所以确切点说，测谎仪应被叫作压力测试仪。多数人说谎时会伴随有压力的表现吗？答案是绝对的，但是，不是每一个人撒谎时都有这样的表现。

那为什么审讯员、警察、法院、情报局还依靠测谎仪来甄别人们是否在撒谎呢？大多数答案都这么说：当人撒谎时，他们会有压力，而测谎仪会注意到那些压力。这种原理是以所有人说谎时都会释放出压力和表现出焦虑的假设为根据的。

我在第二章已经谈过了两种类型的撒谎者，所以你该明白专业撒谎家说谎时压根就没压力感，他们的身体根本就不释放压力荷尔蒙。这种情况下，只采信测谎仪检测结果，岂不是会出现差错？这或许解释了为什么美国境内那么多间谍都通过了测谎仪的检测，而被错误地免除盗卖国家情报秘密的控告。

比如曾在美国国防情报局做分析师的古巴间谍安娜·贝兰·蒙特斯，在16年的雇佣期中，她好几次都通过了测谎仪的检测；在美国中央情报局任职的奥尔德里奇·埃姆斯也是好几年都通过了测谎仪的定期测谎，但他却把美国政府的秘密卖给了苏联，还提供了在苏联境内工作的美国间谍的名字。他的叛国让美国损失了11名间谍，他们都被苏联国家安全委员会杀害了。

据埃姆斯说，通过测谎仪的检测没什么大不了的诀窍，只要微笑，让检测员相信你喜欢他们就行了[1]。中情局分析师金无怠在被获知为间谍前，也通过了测谎仪的定期检测。这样的例子实在是太多了。

任何一个为政府工作的人，不管是平民、承包商，还是军队的一员，都必须首先通过测谎仪的测试，并持续接受某种特定类型的忠诚度调查，以确定他们是否值得信任，能否胜任保卫国家机密的任务。

我本人也接受过测谎仪测试，短短15分钟就顺利通过了。在我接受测试之前，从同事那里听到了可怕的故事，许多人需要回去，重新接受三次甚至更多次的测试，因为他们的结果都不能"确定"。

对那台连接我身体的疯狂机器，我倒并不是太担心，但测谎操作师却着实让我害怕。这个瘦高的黑发男人，留着一撮修剪整齐的黑胡子，戴一副黑框眼镜，穿着条纹短袖衫、蓝裤子，活脱脱一个刚从1972年迈出来的家伙，我可不会忘记他。尽管他远非风度翩翩之辈，但我还是按

---

[1] 作者注：详情见 www.cvsa1.com/polygraphfailures.htm

他的要求做了，就他的提问答了是或不是，除此之外，再无其他。完成测试后，我寻思着，这就是全部吗？大肆宣传的到底是什么玩意儿？

他告诉我去休息室里等着。大约十分钟后他就在门口露面了："你可能得重测，结果不确定。"我倍感惊讶，但还是给了他个大大的微笑说："没问题。"当时，我知道他只不过是想恫吓我一下，而我想告诉他的是："听好了，伙计，我刚从监狱里工作的地方回来，在那种鬼地方，骚乱几乎是家常便饭，被威胁简直就是我生活的一部分，你才不会吓住我呢！"

差不多过了三分钟，他又一次出现了："你的测试全部完成了，可以回去工作了。"当时我的朋友也正在另一个机构接受测谎仪测试，她需要测三次，因为她的测试结果翻来覆去总是不确定。

我问她到底在那儿做了什么。我朋友是属于那种惯于给人详细信息、解释自己的人，根本就不懂只回答是或不是。言多必失，至少会表达不确切吧，这样就会无辜引起测谎操作师的怀疑。她最后一次测试时，我对她说只管回答是或不是，其他情况下闭嘴即可。哈哈，她通过了！

机器测试的结果总是不确定的，原因就是测谎仪不能准确识别欺骗。如果间谍能通过机检，那为什么还用它呢？这让我发现机器的确有点过时了。

是的，测谎仪能识别压力焦虑，还能测试心跳、脉冲、肌张力，甚至汗水，对那些一撒谎就紧张焦虑的家伙而言，测谎仪是挺不错的，但对撒谎无压力的人来说，就不是100%准确。问题来了，测谎操作师的作用是什么呢？

我认为每个测谎操作师都应该被培训成这样：能准确地解读肢体语言，去发现对方的马脚，能利用提问和诱导技术提取真实信息。受过

肢体语言的培训后，再来操作测谎仪，这样才能在测谎仪测出压力的同时，辨别出语言和非语言中的破绽。

一旦测谎操作师看到欺骗的迹象，他们就可以利用培训时学到的提问诱导技术来获取真相，确定谎言。通过这一系列训练，他们就能提高捕获间谍的胜算了，因为受测者不仅要应付机器，更要与人过招，处境就会变得更难。

我想测谎操作师有能力识别欺骗，但机器自身能否做到，我深表怀疑。如果由受过此等培训又有高级提问技巧的测谎师面试上面提到的那些间谍，抓获他们的机会应该会增加很多。

我们能针对被指控的间谍，合法地使用先进的面试技巧吗？当然可以！我就培训执法人员、纵火案调查员，甚至审计员，教他们使用先进的、策略性的面试技巧，以合法的方式得到真相。

作为一名军审员，我从来不会让我的拘留犯上测谎仪，那并不是靠谱的测谎工具，因为我对自己的能力更有信心。

告诉你个秘密：在我那些拘留犯的印象中（我想他们是从媒体上得知的），测谎仪是一种利用高新技术，能准确识别谎言的机器。我并不打算刷新改变他们的印象，反而准备充分利用测谎仪，把它当作一种战术，来看看拘留犯们到底说的是不是实话。

这种审讯员常用的战术其实是利用了人对未知事物的恐惧心理。人一般在未知事物前会有一种恐惧感，这种恐惧感促使他们向别人寻求安慰。

现在，在你开始想这违反了《日内瓦公约》前，你该明白：拘留犯一旦害怕，便会风声鹤唳，草木皆兵，自己吓自己。仔细想想，首次见姻亲时，在公众面前说话时，去国外旅游，坐过山车时，进入新工作环境时，加入军队被送到训练营时……但凡初次做某事，心里都可能忐忐不安。

在关塔那摩的拘留犯们就有恐惧感，不管这恐惧是源于他们对新环境里可能发生的事情的感知、想象，还是真切的事实，他们都会害怕。尽管我们有严格的规划，用以保证他们饮食、洗澡、锻炼、休息等方面的安全和质量，但他们对此毫不知晓，尤其是在刚到的时候。而我，既是审讯员，同时也是给他们答案的人，会回复他们担心害怕的问题，告诉他们在关塔那摩每天都会进行的事项，让他们放宽心。

恐惧是强烈的情感。我在军队时，曾参加过名叫《囚禁，极端环境》的海军函授课程，内容全部来自在关押中存活下来的越南战俘。函授中引起我极大注意的居然是这么一个事实：战俘们声称源自酷刑拷打的恐惧远比酷刑拷打本身更折磨人。

原因是，他们无法想象自己会被施以怎样的酷刑以及与之而来的痛苦，而一旦开始遭受拷打、领教痛苦，那就再也不必猜想酷刑的种种了，此刻他们倒能坦然面对了，即使遭遇的刑罚非常残忍和不人道。

正因为关塔那摩的拘留犯们对未知充满了恐惧，而我又恰巧是能给他们带来可靠回复的人，所以我才跟他们建立了亲密的关系，获得了他们的信任，变成了他们的密友，这对收获情报可是大有益处。但这跟测谎仪有什么关系呢？

我认识到他们害怕测谎仪会告诉我他们在撒谎。哈哈，所以即使我对测谎仪没信心，也可以充分利用他们对测谎仪的恐惧来展开工作。

通常我会说：如果你不想上那台机器，能检测到呼吸、心跳等所有你说谎时无法自控的东西的机器，我就不做这个安排，但你得告诉我到底发生了什么。有些人可能认为我的方式算一种威逼。但我所认为威逼的定义是利用物理暴力手段迫使人做不想做的事情，显然，在此并不适用。

就像作为政府雇员，我也被要求做测谎仪测试一样，给拘留犯进行测谎仪测试只是审讯员测试真实度的正常程序。他们对机器的恐慌跟我无关，尽管可以为我所用。

进行测谎仪测试时，你只需按要求回答是或不是即可，所以如果你打算撒谎，最好祈祷问题措辞模糊吧。

比如，"你有任何对外交往吗？"要求测试该问题的个人或机构是想知道外国政府有没有雇用你获取美国信息。对这类问题，我会答没有。但问题模棱两可，谁知道"对外交往"到底是啥意思？要是我回答了没有，结果却在想我那些外国朋友，那皮质醇就会扩散，结果测谎仪很快就会识别出我在说谎。

当然这有点夸张，因为我相信测谎仪是存在误差的。跟肢体语言专家一样，测谎仪也会用基线来判断你，同时还要测试由此带来的压力。但是，如果我太过专注于想我的外国友人，担心答案会流露欺骗，反而会在神情动作上被视为就是在撒谎。

这跟我在第一章谈到的状况是一回事，当时我解释了解读肢体语言的老方法带来的问题。不能只因为某人陈述时耸了耸肩说她不知道留在柜台上的钱到底怎么了，就判断她说的不是实话、她一定知道钱的去向。

此时她的脑海中可能正有其他事，比如银行账户显示数额少了，支票被拒付等。这种情况下，测谎仪和测谎操作师怎么来区分特定环境带来的压力和因说谎而产生的压力呢？显然区别不了。这也是为什么我更相信人在识别欺骗方面要胜于机器的原因。

只有人能寻找多处破绽和分析判断压力指数，从有破绽的对话中探究真相。一般测谎操作师在提问上都有预定流程，大多数人都不会在发现压力指数改变或异常时，采取一个新的提问路线。最后，我们还是不得不依靠人来深究为什么会有压力存在。

此外，训练有素的肢体语言专家在没测谎仪的情况下，也能看见压力的生理反应，诸如脸红、冒汗、脸色苍白、血管膨胀、产生口痰、难以吞咽、眼球速转……人类"测谎仪"的好处就是，我们可以分析人不撒谎时的正常基线行为，进而判断他们在谈话中是否有破绽出现。

同样，我们还能学习研究整个身体，从头到脚的微表情、动作、姿势，同时进行供词分析。而这些，测谎仪都不一定能胜任。但为什么在法院还要使用测谎仪，而不是人呢？可能是因为人们更愿意信任机器而非人类吧。

亨利普特南大学的一名博士研究生给我提交了一个案例分析，他允许我在此书中提到测谎仪测谎的不精确性时分享他的故事，不过出于保密考虑，涉及的日期、时间、姓名和环境我都做了改变：

大约是2014年3月10日，调查员迈克·史密斯初步了解了针对乔的一桩刑事案件的调查。

乔告诉迈克他在加入美国陆军前杀过一个人，并将死者埋在一个壕沟里。尽管供词是一年前做的，先于乔的派遣，但迈克观察了乔在派遣时的行为后，觉得是时候主动向他的指挥官提供乔的证词了。显然，其他人报告了乔在调度期间曾对他们实施过许多次威胁，表现出的行为与心理变态一致。

然而因为自乔向迈克供认他杀人已经过了一年，迈克的指挥官对迈克提供的证词和针对乔的调查表示了很大的异议，甚至控诉迈克在乔一年前的证词上撒谎。

据说，派遣期间很多人战死时乔都在场，当被询问战场的死亡及其他状况时，乔声称他与这些死伤并无关系，但却知道当时

的状况。

最初乔的陈述并没对迈克造成影响，但随着时间的推移，越来越多关于乔的行为的问题浮出了水面，迈克开始认真记录这些信息，对乔的心理稳定性表现得尤为关注。乔甚至向迈克承认，他跟踪了一个同事，还想杀死这个人，因为他觉得正是此人毁了他的职业生涯。

尽管对迈克而言，能说明乔心理的不稳定性的有利证据越来越多了，但乔在他的同伴中间却非常受欢迎，许多朋友都高居要职，愿意配合和保护乔。正因如此，迈克的指挥官强迫迈克接受一下心理评估，希望证明迈克是个妄想狂，自己编造了整个故事。

医生同意指挥官的看法，他们发现迈克心理不稳定，有妄想症，所以对调查结果表示怀疑。为了证实自己面对该事时心态没有偏执和不稳定，在心理评估准备期间，迈克还悄悄做了另外两种心理评估测试，结果对他都很有利。可迈克还要进一步证实他的陈述，于是又私下出钱进行测谎仪测试。

然而测谎仪引起的重压让迈克的测试结果出现了极大的反常。在关于乔的案件上，迈克居然有99.97%的撒谎可能性。尽管他激烈地声称在指控这件事上他说的都是实话，可被连接到机器上的压力决定了他的未来，结果当然显示他不诚实。

了解了测谎仪的功能，获知了它们如何检测压力状态下生理的变化后，迈克向管理测试的测谎专家抗议说，结果根本就没考虑到他所受到的巨大压力，不仅有源自测谎仪本身的压力，还有指挥官不相信他的压力。

测谎专家试图让迈克信服，测谎前后，唯有不诚实的人才会对问题有强烈的生理反应，而测谎仪就是要检测这些异常，看压力到底是源于撒谎，还是源于测谎仪本身。

迈克不服，质问测谎专家，许多精神病患者，以及历史上的诸多间谍全都照常通过了测谎仪的测试。这可让专家无话可说了，只能死咬住说结果正确，同时惊讶于迈克对测试及结果竟能如此不当回事。

幸运的是，他们没有使用测谎仪，对乔的调查仍在继续。

迈克接受测谎仪测试的唯一原因就是他以为测谎结果能让他避开针对自己的不实指控，而人们对测谎仪的结果一般很认同。谁知结果却让他明白测谎仪在测谎上并不靠谱。

职业人员中很多人都相信撒谎的人在回应谎言时会有过激反应，而正常人说实话便会感觉镇定，在没撒谎的情况下不会有或战或逃反应。此观念在多数情况下或许适用，但绝非百分百适用。

问题在于测谎仪不能评估这种可能性，即在极端压力和胁迫下，参与测谎者可能会有过激反应，而测谎仪检测到的这些异常实际上反映的恰好不是事实。

——亨利普特南大学的匿名博士研究生

新测谎仪？拭目以待

现在你明白用测谎仪识别谎言的复杂性和局限性了吧？

自从出现了测谎仪不准确的事件以后，两家均在2006年开设的公司，磁共振成像无谎言公司[1]与赛佛斯公司[2]都试图找办法解决测谎仪的漏洞，他们利用机能性磁共振成像（fMRI）来辨别谎言。

[1]译者注：磁共振成像无谎言公司（No Lie MRI, Inc.），公司网址：http://www.noliemri.com/

[2]译者注：赛佛斯公司（Cephos Corporation），公司网址：http://cephosdna.com/

两家公司在推销时，声称fMRI这种识别谎言的方式适用于公众的法律诉讼、就业筛选和国家安全调查等。许多人已经开始质疑fMRI的可靠性，甚至怀疑它的使用是否合乎道德。

说到fMRI，我们需要先来看看磁共振成像（MRI）。如果你从未试过MRI，你就失去了尽可能纹丝不动躺在小管子里的"乐趣"。整整30分钟，都要被困在这么狭窄的空间里，听不绝于耳的重击声和点击声，还得设法让自己别恐慌，真是要了幽闭恐慌症患者的命！

MRI利用强大的磁场和无线电波进入人体来获得人体内部组织的详细影像；fMRI是磁共振技术的最新发展，它能通过测量脑中的血流，让医生看到脑功能图像，而不仅仅是大脑结构图。因此借助fMRI，科学家能精确找到人撒谎时的大脑变化区，即欺骗区域。这个区域的活动增加时，血流量就会随之增加：

"即使没有欺骗区域，在实验室，当受试者撒谎时，研究员依旧能用fMRI识别，准确率达85%……即使有这么高的准确度，脱离实验室，利用fMRI和测谎仪识别欺骗依然具有争议性。"

（源于美国神经科学学会）

尽管在美国和欧洲的法院还没有允许使用fMRI，但在印度，法院已经开始采用fMRI提供的证据，英国电视真人秀《说谎实验室》也使用了fMRI。纵然fMRI鼓吹其准确度要优于测谎仪，但斯坦福大学的神经系统科学家安东尼·瓦格纳和普利茅斯大学的乔治·甘尼斯都认为，没有足够证据支持fMRI适用于谎言检测。

同时，科学界还质问采用这项技术是否会导致滥用，甚至侵犯个人权利。不过，这些关注也适用于测谎仪。当你对比两种方式时，所有其他的因素都是一致的，测谎仪和测谎仪操作师更容易被带至法庭或偏僻的看守所，性价比也更高些。

对fMRI未来在识别欺骗上的效果，我们权且拭目以待吧。眼下，我们仍可放心依赖肢体语言专家来辨识谎言。

作为一名前军审员，我被派到关塔那摩监狱工作，审问塔利班和基地组织成员，收集情报拯救生命时，用的就是这套欺骗识别技术，而且这套技术还很管用。

我想在需要辨别欺骗的世界，无论是警察、审讯员、律师、法官、调查员，还是人力资源人员，用人类测谎师测谎获取真相都要比用只能测出压力的测谎仪好。

下面几章，我会教你如何准确地辨别谎言，剖析两种谎言的不同——真正撒谎的人的谎言和感觉像是老实人的谎言之间的区别。唯有受过诸如此类的高技术培训，才能准确地识别谎言，当然不是100%的准确（除非你是真相奇才！），只是非常接近而已。说到底，解读人的思维，没有比你，比人类本身更好的"工具"了！

第四章
解读肢体语言的五步法
（R-E-B-L-E）

我创造的五步法，简称R-E-B-L-E，是用来甄别谎言获取事实的方法，学起来并不难。

我相信每个人都该有坚持自己观点的勇气，都有表达内心所想的勇气，做他们认为正确的事情。也许你能借助我的五步法，成为一个真正的"叛逆者"。一旦你拥有了这种勇气，那就再也不会失去它，你的勇气和信心会使你变得更强大。

第四章
解读肢体语言的五步法（R-E-B-L-E）　　043

我创造的五步法，简称R-E-B-L-E，是用来甄别谎言获取事实的方法，学起来并不难。

其中R是Relax（放松）的缩写，E是Establish rapport（建立良好关系）的缩写，B是Baseline behavior（基线行为）的缩写，L是Look for deviations（寻找偏离）的缩写，末尾的E是Extract the truth（提取真相）的缩写。

我个人很喜欢"叛逆者"[1]，美国《城市词典》对其注释："一个不管别人如何说，依旧坚持个人主见的人。真正的叛逆者坚持他认为正确的东西，而不是反对本来就正确的东西。"我相信每个人都该有坚持

---

[1] 译者注：英文中对应的是Rebel，与作者所创造的R-E-B-L-E看上去很像。她借助于Rebel的含义来说明，要想成为真正的Rebel，首先需要做到R-E-B-L-E。

自己观点的勇气，都有表达内心所想的勇气，做他们认为正确的事情。

我很年轻的时候，可不总是有这种勇气，好在我现在有了。一旦你拥有了这种勇气，那就再也不会失去它了，你的勇气和信心会使你变得更强大。假若今天被流氓欺负的弱小孩子能有勇气和信心对色厉内荏的恶霸说"有什么招，只管放马过来"，他们就能击败恶霸，并且抬头挺胸地走开了。

我的朋友兼同事凯利·奥克莱尔，目前正和我讨论一个针对弱势青少年和成人的自强计划，试图让在学校和办公室备受欺负的人通过学习这些方法，获得自强的能力。其实，各种年龄阶层和背景的人都能借助肢体语言的力量做事情。我的五步法R-E-B-L-E就是给想做这些事的人定制的：

★ 想与他人建立亲密友好的关系；
★ 想赢得别人的尊重和信任；
★ 希望能有坚持自我的勇气；
★ 想回击欺骗自己和自己所爱之人的人；
★ 从不想成为身心虐待的受害者；
★ 从不想在骗局中吃亏上当或被抓；
★ 有信心追求自己想要的——新工作、新晋升、新约会对象等；
★ 能判定某人是否在欺骗自己；
★ 能在不损伤亲密关系和保持尊重的情况下，得到事实；
★ 有志收集精确真实的信息。

R-E-B-L-E不仅仅是关于识别欺骗、研究语言与非语言破绽以及获得真相的肢体语言项目，它还是让你发现自信心，与人建立有力健康关系的计划。

你会学到如何跟人建立良好关系，如何评估他们的个人偏好，从而调整自己的偏好去适应他们的偏好。还会了解到人们一般都喜欢与自己气质相近的人，明白大多数人天性还是想诚实做人，即使恐怖分子和罪犯也不例外。

拿我的经历来说，那些拘留犯最终被瓦解意志，放弃反抗，说出真相时，都对我表达了同样的意思：从此再不用撒谎真让我松了一大口气。人们想得到尊重，想自我感觉良好，知道这点也算我成为成功军审员的部分原因吧。

我不仅利用学过的所有分析方法和提问技巧，同时还关注人类的共性因素，强迫自己留心审视每一个拘留犯，不管他的背景是什么，他曾经做过什么，只把他当成人类同胞来看。

做到这些可不容易，但我知道如果我把他们当作自己的人类同胞看，尊重他们，即使我痛恨他们的所作所为，他们依然会回报以尊重（尽管我承认有时这很难，跟他们谈话我都有想吐的感觉，但还是会即刻挤出一个微笑，希望他们没看到我脸上流露出的微表情）。就是这样，我获得了他们的尊重，更重要的是得到了许多有分量的情报信息。

当然，并非所有审讯员，特别是长于心理战的审讯员，会同意或遵循我的方式，但就关键的审讯环境而言，我要在那种情况下与之建立良好关系，这个方法的确不错。自然，女性的无威胁感也给我的工作带来了便利。

R-E-B-L-E揭秘了解读肢体语言这个盛行的神话，就连怀疑论者也愿意将此融入到他们的日常生活中。我自己也用，并且可以证明它很有效。在关塔那摩审讯拘留犯就是活生生的例证，虽然那时我还没将自己在审讯隔间所做之事命名为R-E-B-L-E，但我知道自己是成功的。

后来，我开公司[1]时也用了五步法。

我们住在一个大大的复杂世界，不幸的是，总有不少坏人长着伤害他人的坏心眼。我知道这些，实在是因为我近距离见了太多这样的人。何不用我的五步法来自己掌控生活，保护自我，保护与你亲近的人，使之免受伤害，保全面子，不被利用，免遭欺骗呢？

---

[1]译者注：公司英文名为The Congruency Group，目的就是教人如何有自信，建立亲密关系，甄别欺骗，巩固更专业更私人的关系网，获得成功。公司网址：http://www.thecongruencygroup.com/

第五章

R —— 放松

五步法的第一步就是放松（Relax），这一步很大程度上都与培养自信、克服恐惧有关。

我们每个人都有恐惧都会焦虑，那怎么克服呢？不管你信不信，你都能通过能量姿势给自己身体定位，达到这个目的。

五步法的第一步就是放松（Relax），这一步很大程度上都与培养自我意识有关。在你开始解读别人的肢体语言时，首先得清楚自己的肢体语言。

举个例子说，我审讯关塔那摩的拘留犯时，若没有良好的自我意识，哪怕有一分钟我看着是恐惧、无能或不诚实的，他们都不可能给我信息。

记住，看着自信的唯一办法就是自我感觉自信。

此刻你读这本书时，你的肢体姿势怎么样？你是无精打采地坐着，佝偻着肩膀，低垂着头，还是昂首挺胸？你是脚踝交叉地坐着，还是跷着二郎腿？你看着自信，还是胆小游离？人们看着自信时，他们可能会觉得更轻松更镇定，反之，他们会觉得不舒服、紧张。

你得明白如何看上去很放松，进而才能进入五步法的第二步：建立良好关系。要是你总看着紧张胆怯，人家连话都不想对你说，还提什么建立关系！

失败与接受

自信是需要时间的，也是需要你慢慢接受失败来建立的。

俗话说："如果一开始你没成功，尝试，尝试，再尝试！"所以不要放弃。就算失败了，我们也要继续前行，吸取教训，拥抱失败，最终走向成功。这是我的亲身经历，相信你也能做到。

在某件事上绊倒了，便不免有诸如羞耻、惭愧、害怕、怀疑、失落、尴尬、丢面子、紧张，甚至悲痛等消极情绪。而任务、使命、职责失败后，可能会让你觉得周围的人总会因此而记住你的失败，觉得自己永远失去可信度了。这一切反过来会侵蚀你的自信心，结果自己反倒变成对自己最刻薄的人了。其实，别人很容易原谅我们的过错，揪着错误不放、不肯原谅的是我们自己。

我给大家说几个我曾经的失败事例，告诉大家我每次失败后都发生了什么。第一个失败例子要回溯到大学时代。

攻读学士学位的四年可分为两段：会计学，女承父业，但我败得一塌糊涂，被迫留校观察；人类学，让我上了优秀生榜。要是彼时我能明白自己为什么败在了会计学上，就不至于觉得自己愚不可及了。

那时我老爸的会计业务做得很成功，希望把我培养成这个事业的接班人，可我压根都没自己喜欢的学习方式，或者说根本就不知道还有自己偏爱的学习方式这回事。我跟爸爸坦言解释,说数字简直要把我逼疯了,理解数学方程就像读古老的希腊语那么艰难(事实上,几年后我开始学习希腊语,还是很轻松的)。

当时我没意识到我曾经是,现在也是以直觉行事的人(按照荣格的个人偏好来说是这样)。我能理解概念性的过程信息,跟着灵感前行,想象未来的可能性。我讨厌规则、截止日期、细节和过程。

让我创造一个跨文化交流的新理论,没问题,但要是让我平衡收支,那接踵而来的挫败感会杀了我。我老爸却相反,他能像传感器那样理解信息,享受事实性的细节信息,偏爱规则、工具、过程。对他而言,这种参与探究世界的方式是合理的、容易的,这也是他会选择会计学领域,成为卓越注册会计师的原因。

同时,我也意识到自己并不笨,所以我决定换专业,去学人类学和考古学,即使我老爸说我根本就不知道去哪儿找一份考古学的工作。但一换专业,我简直如在天堂,我喜欢所学的一切,而且在所有课程上都优秀得不得了。

拿到人类学的学士学位后,我打算凭刚树立的自信心申请去布朗大学的研究所。至今我依然不知道他们为什么录取了我。虽然那是我生命中最大的挑战之一,不过可不能让它吓倒我,我打算与之一搏!好几次都以失败告终,但我总是站起来继续面对。

在那漫长的两年里,我经历的可不止几次失败。在艺术历史讲座上,教授请我讨论一个问题。我永远不会忘记后面发生的事情,我紧张得难以自控身体(现在我当然知道那是对压力荷尔蒙的生理反应),声音颤抖,音调尖细,手疯了似的抖,吞咽困难,嘴里忽然觉得像塞满了棉花,整个人都崩溃了,当时羞愧得恨不得找个洞钻进去。

我为什么如此怕面对人群呢?想来真是可笑。我害怕在人前出丑,

可怕啥来啥。尽管没人说什么，但我知道大家都看到我的失败了。我对自己感到特别窝火特别失望，觉得我好像已不属于那个地方了，我整夜都在翻来覆去想这件事。

第二天醒来时，羞耻感和尴尬都不见了，我又开始充满斗志了。现在我打算完成一项任务，向同学、向自己证明，我不仅知道事实，还能以专业的动人的方式展现出来，我绝对不能让教授和其他同学把我吓破胆！

学期结束时的课程报告到来了，我主动第一个上台，坚决不能让那种恐怖记忆再在我心间萦绕了。我坚定信念，决心让他们在两小时内看到我在这个话题上展现的无比自信。我甚至给自己施加了更大的压力，同时用双重幻灯片展示（1995年的技术要做到这份儿上还很难）。

结果那次报告比以往所有的都要好，我高兴坏了，看到大家起立为我的展示鼓掌，曾经让我崩溃的那天再也不会挥之不去了。事实上，我很感谢那次失败让我发现了自己的力量和信心，尽管它并没医治好我的心神不定。

后面一年半的时光里，我还时不时能想起那感觉，但无疑那是一个巨大的垫脚石和学习机会，我将永不会忘记，亦不会后悔当时的难堪。所以你看，我通过强迫自己看着自信，用感觉自信战胜了恐惧，所以你肯定也可以。

之所以要跟你分享这个，是为了证明我就是自己理论的典范。一旦表现得自信，感觉自信，你就能征服你最大的恐惧。

知道吗？最常见的恐惧就是害怕在公众面前讲话。虽不关乎生死，但却是大多数人最怕的事儿。因为对失败和羞辱的恐惧，对别人如何审视自己失败的恐惧是很强烈的。

美国是带有负罪感的社会，中东一些国家则是有羞耻感的社会，而负罪、羞耻和尴尬都会引起害怕，一旦生活遭受威胁时，那种恐惧感就噌噌冒出来了。你需要有信心去利用这本书中介绍的方法，成功使用它们。

我相信你会好好利用，做好你的那部分，找到自信心的。所以不要担心失败或搞砸了，应从中吸取教训，而非厌恶自己。某种程度上，人们都会在某事上失败，你又不是唯一的一个，怕什么！

下面是我最喜欢的关于自信的几条语录，希望你也能从中找到勇气：

★ 自信不是来自永远正确，而是不害怕自己犯错。

——彼得·T.麦金太尔

★ 如果你要怀疑，就怀疑你的极限。

——唐·沃德

★ 不要拿自己的懦弱猜忌去阻碍别人的勇敢和梦想。

——乔治·萧伯纳

★ 真正的信心是良师益友，伪装的信心是侵略者。

——丽娜·西斯科

我以前的一个同事——权且叫他杰克吧——得到了一个他不能轻松胜任的高级职位。之前，许多人都喜欢他。他不仅有很好的职业技能，是下属员工的导师，还有强烈的团队精神，在队员困难时他都会拉上一把。

然而这一切在他进入管理层时变了。以前杰克从没做过管理，但经验的缺乏，很不幸没能成为他谦逊的理由。杰克接受了挑战，力图要

在新职位上证明自己，不过他证明的方式却伤害了他之前的那些工作伙伴。

曾经他和他们并肩作战，如今他在自己的宝座上发号施令。杰克的傲慢、冲动、不理智渐渐使他与同事及朋友产生了疏离感，最终孤立无援。这个新职位是怎么让他变成了大家不再尊重的人了呢？

或许你已猜到了，正是缺乏自信心使他变得敏感、有攻击性，对工作的有心无力让他抓狂，但他又担心别人会看到他的无能与手足无措（尽管我们本来就不可能事事精通），担心向别人征询建议会失去尊重，所以只好施以颜色，却不想欲盖弥彰，最终失去了大家的尊重。

其实他不明白如果他真的虚心向别人请教，反而会让人更敬重自己。所幸，了解杰克的人忽略了他刻意为之的武断性和装腔作势的攻击性。这种欲盖弥彰的方式或许你都见过，更或者你就采用过这样的方式。

将颐指气使、咄咄逼人等同于自信心，事实却正好相反。看看安东尼·韦纳和兰斯·阿姆斯特朗在承认谎言前，对媒体是何等居高临下、激烈对抗，甚至蓄意攻击，这等蛮横无非是想说服大众他们没说谎，以此掩饰内心的担忧害怕。

再来分享我的一段个人经历。那是我加入美国预备队的时候，同样经历了惨痛的失败（比上学那次严重了不知多少倍！），我对自己的失望程度已经到了我不得不鼓起勇气征服恐惧的地步。当时我得服现役一年，并参加国防部认证军审员的培训。再直接点说，我正在被派送至古巴加勒比岛的路上，住在恐怖分子扎堆的五星级度假酒店，吃着打包的美味佳肴。我知道自己已经不在罗得岛了。

到那儿的第一天，处理完住宿的相关问题，了解了岛屿地形后，时间基本就用完了。第二天我去了日后将要天天工作的监狱，从我要接替的队员那里拿了员工流动手册，并参观了营地。

当我被护送到我们平常作为审讯隔间的拖车工作室，看守打开门时，浓重的汗味、尿味、呕吐味扑鼻而来。尽管里面喷了柠檬空气清新剂，还是难以掩盖这种刺鼻的难闻的气味。我真想转头就走，但显然我不能，这就是接下来五个月我要一连审讯拘留犯几个小时的地方。天哪，在这种环境下我该怎么工作呢？！

然而工作日还是到来了，我将审讯自己的第一个拘留犯。1999年参加审讯员培训时，我压根就没想过当时所学会在实际工作中派上用场，这次，机会来了。

八点钟，我在自己的办公室接见了口译员。说是办公室，其实就是拖车上的工作室了，跟审讯隔间一回事。我们通过了三道门禁，经过戴着镣铐的拘留犯身边，最后才到黄色拖车工作室第七军审隔间。

路上，我预先简要地向口译员介绍了那天我将如何展开审讯的工作。我告诉他我打算怎样跟拘留犯建立良好关系，计划审讯他们的话题是什么，以及给他们的福利（比如中场休息时大家都可以坐下），还有审讯会持续多长时间等。总之，我已经有计划了。

黄色拖车工作室内有八个审讯隔间，每间内部设有一面双向镜，入口处除了有护卫把守的视频监控室外，还有一个厕所。我们在第七军审隔间等待时，我听到工作室的门开了，一个看守喊道："拘留犯就绪！"

这是我实战中的第一个拘留犯呢！为了安全起见，看守将拘留犯押送至他们的审讯隔间时，每个人都必须待在他们的隔间里，不能在走廊里走动。脚镣的叮当声和拖脚的走路声越来越近了，我还完全不知他们

的模样。会不会很凶，会不会与看守打起来？会不会很容易驾驭，一坐在审判席上就小声啜泣起来？

我的心怦怦地要跳到喉咙眼儿了，脑部脉搏也是，跳得很快。我开始怀疑自己的计划了。或许我该站着，或坐着，或者移动下东西什么的，或者我本该在拘留犯进来之后再来的。

太迟了——拘留犯已经到门口了。看守让他停下，问我是否可以进来。我说可以，然后看着这个头发乱糟糟，身体消瘦的人，穿着一件亮橙色的连衫裤囚服和一双人字拖进了屋子。他看了一下我，又翻了下白眼。天哪，我觉得自己已经被打败了，因为那个白眼让他在一瞬间占了上风。

接下来的一小时，我问了些问题，得到的尽是模糊的答语。我无法与他建立良好关系，他根本就不与我保持眼神接触。从他的肢体语言里，我知道他在想整件事都是一个笑话。这让我觉得很受羞辱。

两小时后，我结束了审讯，将他送回了他的牢房里。口译员跟我一起回了办公室，但我感觉自己像走在了羞辱大道上一样。我究竟来这里做什么呢？我跟自己说我不能做这个了。

到现在，我不仅仅完全感觉自己就是个失败者，更糟糕的是我让自己在前线的战友失望了，因为我没从这个家伙口中得到任何东西。我把他送回牢房，是因为自己放弃了。那天，我彻夜未眠。

第二天早上八点，我要审讯另一个拘留犯，但陪同的口译员还是同一个人。我们在7:30碰面了。他是个较为年长的人，为人和善友好，态度甚是乐观。我在心中默默地说："你今天不会再看到昨天那个失败的女孩了！"这天他将看到真正的我，自信、精力充沛、机智的我，能利用每一次肢体移动、每一个从别人嘴中吐出的字眼做出判断的我，享受脑海大战获得真相的我。

我挺直了身体，深深地吸了一口气，告诉自己继续进行。接下来的8个小时就在眨眼之间过去了。我做了很多笔记，最后不得不停下审讯，总得让拘留犯和口译员去吃饭吧。至于我，一点都不饿，精力还旺盛着呢！

那天走回办公室时，我颇有点雄赳赳气昂昂的意思，再也不会允许任何一个拘留犯让我质疑自己的能力，或让他们占上风了。我知道我有能力搞定这个：不过是生了一下气，就吹散了对未知的恐惧，发现了自信心，让自己在新环境中放松了下来。

就在我们踏进办公室前，口译员拍着我的肩膀说："真令人印象深刻。我想请求在你在这儿的时候，跟你一起工作。"那便是我在关塔那摩成功经历的开始。

事实上，我都开始请求指挥官允许我在这里再待上一个月了，因为我真的不想离开。关塔那摩的总指挥官告诉我原来的指挥官，说我是"这儿的宝贵资产"，请求再留我一个月。哈，我留下来了。每次有新的军审员到来，参观监狱和审讯隔间时，他们就会问我："你是怎么忍受了那种刺鼻的气味的？"而我的回答则是："什么味？"

你现在看到某种趋向了吗？正是我自己的失败和失望给了我发现自信心和完成目标的内在力量。不管是之前的展示，还是从拘留犯身上获取情报，失败无疑是成功之母。

回头再看，本是消极经历的这两件事却给我带来了积极的结果。内心深处，我知道自己有技巧、知识、策略、决心和信心，我只需要些东西把它们激发出来即可。我发现了放松和获得自信的方式，我想你也能做到这一切。

想想你生命中是否有过令你感觉羞耻、尴尬或失望的事情，写下发生了什么，你当时什么感觉，事后做了什么，如果诸如此类的事再发生你会怎么办。

没人能使你自信，除了你自己。问题是你得问自己：你愿意放弃对失败的恐惧，挑战自我激发出内心的自信吗？我们内心深处都有自信。接下来我就要给你的挑战自我出些点子，一些能让你挖掘出自信的点子。这些点子同时也会放在书末的清单里。

身体在压力下会出现什么反应

现在让我们具体谈谈人在有压力、紧张或焦虑时，身体会有什么反应。

我的学生过去一直问我怎么才能不紧张，我告诉他们的正是我将要告诉你们的：你不得不不紧张，没有比这更显而易见的事了吧？不幸的是，对压力荷尔蒙的释放，你根本无能为力，也无法阻挡威胁或恐惧过去之前的生理反应。

要想达到我说的不得不不紧张的状态，你就必须学着掌控你的情绪。这里我不打算用特别科学的方式阐释，只作扼要解释：身体察觉威胁，实行自我保护时会发生什么？藏于其背后的科学又是什么？

一旦确定有威胁，恐惧就出现了（威胁不仅仅是指你被动物或敌人追杀的威胁，还可能是你面对公众演说前的压力），身体随之会进入或战或逃的状态。你是要战胜威胁呢,还是要逃避它呢?

想象一下你就要上台了,连演说材料都准备得很充分了,忽然,你的心开始怦怦跳,呼吸变得越来越急促,肾上腺释放出大量的荷尔蒙,其中就有肾上腺素和皮质醇。人有压力的时候会释放肾上腺素,即刻表现为心跳加速、血压上升、能量速增。

另一种荷尔蒙是去甲肾上腺素,会让人集中注意力,感觉变得敏锐。最后一种就是皮质醇。这三种荷尔蒙能给你或战或逃时所需要的高能量、高注意力以及敏锐的感觉。

皮质醇的原理比较复杂,难以解释。在人需要应对外部刺激时,皮质醇会起到保持生理稳衡的作用。比如,在压力状态下,皮质醇能暂时提高你的免疫力、血糖,确保大脑和身体都有足够的能量应对高压状态。同时会压制因或战或逃心理而产生的不必要的身体机能,诸如消化、排便等。

回忆下你最近一次的高压状态,有没有饥饿感,有没有想吃东西来补充能量?可能都没有。而肾上腺素飙升时,人可能会跑得更快,变得更壮。不知道你见过能将车抬起的家庭主妇没,有人困在车下时,这些女人只靠自己就能将车掀起来,其实就是肾上腺素在发挥作用。

至于突增的去甲肾上腺素则会让人的感觉变得高度集中,面对黑暗,视力会比平常好,嗅觉也会格外敏锐,甚至还能嗅到恐惧的气味,一种辛辣的、明显的,混合着金属味和体臭的气味,我在关塔那摩审讯时经常能闻到这种气味(可能有人不相信这话,不过可以问问在战场的士兵、警察、消防员,或任何能嗅到恐惧的审讯员。他们多数都对此了然于心,哪怕隔着1600多米远,他们也能感觉到)。

最后,皮质醇会进入人体的能量储存站,为身体内最需要它的地方

提供能量。比如会为大腿和胳膊上的肌肉提供能量，方便应付或逃脱威胁。从这些荷尔蒙中获得的高能量有时可能会让人震惊，因为大脑并不知道为什么人会紧张，所以会"一视同仁"地对待压力。也就是说，在公众前演讲面临的压力和被敌人拿枪或动物追赶你时面临的压力是一样的。

兽医玛丽·加德纳博士是Lap of Love动物安养院[1]的创办者之一。她说动物有压力时，身体会经历一个叫SLUDD的过程。在这个过程中，动物会分泌很多唾液，眼中有很多泪，还有消化、大小便异常。

所有这些都被叫作副交感神经症状，它们调整着诸如心率、消化、排泄、甚至性等身体功能。动物的器官一旦为压力做好准备，SLUDD过程就开始了，这跟我们人类对抗或逃避压力的反应一样。这就是你手抖、声颤、冒汗、心跳加快、紧张受威胁时觉得自己能飞天入地等背后的基础科学。

我们每个人都有恐惧都会焦虑，那怎么克服呢？只能让大脑相信已察觉到的危险并不存在。

但如何做到这点呢？说服大脑你是自信的、镇定的，能掌控局势的、放松的。不管你信不信，你都能通过能量姿势给自己身体定位，达到这个目的。别担心，这个跟瑜伽姿势无关，尽管我很推崇通过做瑜伽来释放压力，达到精力充沛的方式。

---

[1]译者注：Lap of Love是位于美国佛罗里达州西部坦帕市的动物安养院，致力为室内宠物提供关怀服务，给衰老和生病的宠物提供舒适温馨的环境。特别是当宠物时日无多时，Lap of Love会在安养院内用动物最喜欢的方式，对它们实施人道安乐死。

让身体姿势保持自信的注意事项

性感姿势与拇指权力

记得你老妈总唠叨你,让你站直吗?她可能没意识到她是在告诉你要看着更自信些。事实上,改变姿势能改变你对自己的感觉。

观察一下人们尊重、敬佩的权威人物,不管是在工作中,在家里,还是在媒体上,你看看他们的姿势,尤其是典型的站姿和展现自我的姿势。

我们现在来对比一下伍迪·艾伦和詹姆斯·迪恩的姿势:伍迪·艾伦走路的经典姿势是耷拉着肩膀,下颚内收,眼睛望着地面;詹姆斯·迪恩看上去恰好与伍迪·艾伦相反。看看他的姿势,肩膀、胸、下巴和眼神,女人迷恋詹姆斯·迪恩而不是伍迪·艾伦是有道理的。你猜到了吗?跟外表没多大关系,关键在于他们展示自信的方式。

男人们常说"机会最后才能轮到好男人"或"女孩子不喜欢好男人"之类的话,但男人们错了。我们都想要好男人,但是更想好男人是个自信的家伙。好男人也能很自信啊!不管怎样,只要记住詹姆斯·迪恩展示的是自信,而伍迪·艾伦的并不是就行了。

两个演员都曾被拍到过性感姿势,手都插在了裤兜里,大拇指都指向了他们的隐私部位,然而詹姆斯·迪恩这么做时很性感,伍迪·艾伦的就没这么吸引人。究其原因,主要是姿势不同。看下面两张图,你能发现差异吗?

伍迪·艾伦的性感姿势　　　詹姆斯·迪恩的性感姿势

　　这是我的模特凯里，在左图中，他摆的是伍迪·艾伦的性感姿势，看着就像要把自己缩回到圆球中逃避这个世界一样。而在右图中，凯里则采用了詹姆斯·迪恩的开脚站姿，双脚分开25.4～30.5厘米，昂首挺胸，下巴微翘，看着镜头的眼睛始终炯炯有神，这个姿势让人感觉他已准备好接受世界的挑战了。

　　所以男人们，还是改变一下自己的姿势吧，你会因此改变自己和他人对自己的感觉的。现在就开始做！如果你是个英俊的男人（我希望你是），能有这样的站姿，你就会赢得女孩的芳心；你最后一定会赢的，因为事实上，女孩都会离开坏男孩的（或者至少她们应该这么做）。

　　为什么男人会指向他们的隐私部位呢？你想对了，这本来就是男人体现阳刚的一种交流方式。男人的隐私部位是男性气概和权力的象征。

电视或电影里那些性感的坏男孩经常就是这种造型，让女人无法抵挡。男人如此指向私处时表示他们存在性威胁，有意恫吓其他男人，这跟猩猩捶胸以示力量、支配地位，恫吓其他雄性猩猩用的方式很相似。

当男人想引人上钩，一条腿放得比另一条腿略高时——比如在酒吧把腿放在脚凳上——他其实是下意识地把私处当成极端自信的象征显摆的，那样子就像他在说："嘿，看看我能给你什么乐子？！"

男人这么做，女人为什么也这样做呢？不论是影星安吉丽娜·朱莉，还是时尚模特安柏·勒邦都有这种姿势的照片。她们是想吓跑男性吗？不，她们如此做跟男人这么做的原因一样：展示自信，展示她们其中一处易于诱惑人的地方。

女人诱惑人的地方有三处：颈窝、肚子、腹股沟。暴露这三处，其潜意识中是向世界表明："尽管来吧，我能搞定这一切。"这是展示权力的一种方式，男女都会通过这种方式展示自信和力量。所以女人们，如果在酒吧遇见的男子盯着你看或跟你说话时，摆的是这个姿势，他或许是想给你留个深刻的印象，然后把你领走，再然后……

我常告诉人们一个基本规则，不要把手藏起来。因为把手藏起来意味着你隐藏了你的情绪，这种情况下，你看着会不够诚恳，不值得信任。但如果你把手插入你的裤兜，露出大拇指，情况就会不一样。

作为阳具的另一个象征，大拇指意味着权力，在众人前展示大拇指就是自信的象征。我管这种展示大拇指的方式叫作"拇指权力"，因为它是一种自信的姿势，尽管不是特别明显。或许你还没观察到这点，但当你感觉强壮有信心时，你手指间的空隙实际上是变大了，这样你的手就占据了更大的空间，就本质而言，就是拥有了更多的私人属地。

而当你没安全感时，这种空间就消失了。事实上，在重重压力下，你会把拇指藏到其他指头下，或直接把手藏起来。而你在充满自信地说

话时，拇指便会上翘。

　　我观察了几年，当我站起来展示时，我的拇指总能像方斯的那样伸着。这个来自美国流行电视剧《快乐时光》的方斯，是一个向来不可能说自己错了的人物，他的招牌动作就是举起两个拳头，伸出大拇指说："嘿嘿嘿！"

　　他就那么信心满满的样子，穿着皮夹克、白T恤、蓝色牛仔裤大摇大摆地走着，轻而易举地赢得了一堆少女的芳心。虽说这明显是虚构的剧情，而他们都是些演员，但你想过没，编剧和导演为什么会选择这种姿势来创造自信、有女人缘的方斯呢？

　　剧中另一人物里奇·坎宁安就从没做过这些姿势。你把大拇指藏起的那一刻，其实是在说你没安全感，需要安慰。幼童会把拇指藏在手中，婴儿会吮吸手指，那是因为他们都没安全感。大一点后，多数孩子就不再吮吸大拇指了，因为他们渐渐变得自信起来。我真心希望你已经不再吮吸大拇指了，更加希望你不要再隐藏它们了。

方斯拇指权力

去年除夕夜，我受邀跟朋友去了一个有五道菜的葡萄酒晚宴，认识了一名漂亮活泼的女孩。她叫莱斯利，隔着餐桌坐在我的对面。这是个生机勃勃、开朗友好的女孩，一知道我是做什么的后，她就靠在桌子上，伸过头来低声问我能否帮她出出主意，因为她办公室的一位女孩总想抓住她的小辫子，而且老是一副比他人优越的样子，常常让她很难堪。

听了她的解释后我说当然能啊，我告诉她下次再遇到这种情况，就通过体态展示自信，因为一旦你看着自信了，他人就会感觉到你的自信。下面是一些自信的姿势，或者说能量姿势，它们能让你看着自信，更有信心。

能量姿势和腹式呼吸

哈佛商学院的艾米·库迪和哥伦比亚大学的达纳·R.卡尼及安迪·J.雅普在《心理科学》期刊上发表了一篇论文。文中谈到共有42名男女参加了这次荷尔蒙水平测试。

受测者被要求分别摆一分钟高能量姿势或低能量姿势。17分钟后测试他们的荷尔蒙水平，结果显示保持一个姿势只需两分钟就能引起睾丸素和皮质醇的重大改变。高能量姿势会提高自信心，让人们面对危机时有更强的容忍心。研究还发现，对一个人感受如何比那个人说什么更能影响自己。

如果下次在一屋子人面前做演讲、坐着面试，或跟让你紧张焦急的所爱之人促膝交心时，都可以试试能量姿势。两脚并立，间隔25.4厘米，

从腹部提气，深呼吸，不要从胸腔开始。如果用隔膜呼吸，你就会减轻焦虑、生气和惊慌感。

膈式呼吸又叫腹式呼吸，跟省劲的胸式呼吸有很不同的效果。可惜，我们都进化得太习惯胸式呼吸了，不像新生儿那样用的是腹式呼吸。社会对苗条和健康的期望让我们开始用胸式呼吸了，没人愿意费事地用腹式呼吸。我们都太忙了，根本就没意识到后者实际上有让人沉思、镇定的作用。

回到20世纪90年代，我想减肥，更健康点，摆脱侧腹痛，遂决定采用简单的跑步减肥法。但说真的，在那之前，我从来都没正正经经地跑过，因为担心会有让人崩溃的变形，每次跑前，我都会很紧张。

所以这次我采用跑步减肥法时，就打定主意用正确的跑步姿势，让我的呼吸渐渐稳定下来。跑步时我用了一条像举重运动员举重时拿来支撑下背的带子，那条带子在支撑我的跑姿时起了很大作用。

到了冬天，我已经能每周在黄昏的无人海滩上跑上3次了，且一次比一次跑得远。记得初次跑步时，我跑了不足402米就已气喘吁吁，如今我都能向8千米迈进了。我是如何克服掉最初的困难的呢？这全靠刻意用恰当的姿势和腹式呼吸。

另一种可取的能量姿势是神力女超人的姿势。把双手置于腰间，双脚分开25.4厘米，有板有眼地站着，当身体完全挺直后，肺和隔膜就能运转得更好了。放松下来，然后深呼吸，会改变你的感觉，你会感到神态镇定而有力量，相信我！

现在就试试。用这个站姿时，我希望你能回想你最棒的时候，不管是因为幸福还是成功，试着想想是什么让你有这种感觉的，然后把它运用于站姿。每次感到害怕、紧张、微弱、羞涩或有被威逼感时，就去找个地方，做深呼吸，回忆你成功或精力充沛时所有的想法，并把这些积极的想法和感觉跟能量姿势联系在一起。

还有一种积极的姿势，那就是跑步者胜利的姿势。抬起你的臂膀，伸向天空，能伸多远就伸多远，像田径运动员每次胜利后本能地做的一样，因为这能让你的胜利和强壮再次得到确认和增强。多试试，不是只有世界级的运动员才有资格做这个姿势。

但我必须得提醒你，在别人面前摆能量姿势，会给人一种主导性和控制感，所以小心点，不要在别人面前显得趾高气扬，这可能会毁掉你们的关系。记住，你做这个姿势的目的是为了使自我感觉有主导性、权威性和掌控性。

同时，不要单把一只手放在腰间，那可不会增强你的自信，反而会发送一种不尊重和蔑视的信号——这个姿势意味着你是个百事通，或想挑衅别人。所以要想显得自信，那就把两手都放在腰间，这才是积极有力的姿势。

我近来最喜欢拿来分析的刑事案件主人公是美国冷血女杀手朱迪·阿瑞亚丝。

2008年6月15日，她刚被逮捕并被执法人员审问时就用了十分强势的姿势。当时她男友特拉维斯·亚历山大的尸体已被发现了。特拉维斯在自家浴室被枪击后又被刀刺了二十几次。Youtube网站上有段视频，叫《朱迪·阿瑞亚丝：未被剪辑的警察审讯视频514》，记录了她的异常行为。

从视频中可以看到整个过程：刑警进来问话，向朱迪·阿瑞亚丝宣读她的权利。他们谈了一会儿话，刑警临走时大声说了句："我的天，朱迪，你至少该好好化化妆。"

然后审讯室中就只剩了朱迪·阿瑞亚丝一人，她开始把玩水瓶并唱歌，顺手拉开垃圾桶向里看，旋即又放下，她又笑又说（虽然听不清

她说的内容），撩了撩头发，整理一下指甲，又将膝盖抬起，捻弄着头发，随后来了个头脚倒立！

这让我想起了《掌控生活：让你生活有板有眼的指南》的作者黛比·波克尼克，她说人头脚倒立时，向身体发射的是安全信号，能集中能量让人保持健康状态，同时帮人放松下来，释放出被压抑的感情。这或许就是朱迪在审讯室如此做的原因吧。

如果你容易情绪化，缺乏自控和自信，不妨学学朱迪倒立吧。我要是超级压抑或生气，到了心怦怦悸动发抖的时候，就会抓一撮头发，倒立，几分钟后心情就像湖水一样平静了。这方法还真行！

尖塔手势

尖塔手势也是能量姿势的一种，共有四种尖塔手势：教堂尖塔（美国地产大亨唐纳德·特朗普最喜欢的方式）、低塔（奥普拉最热衷的）、手枪塔（政治家们的最爱）、篮球塔（我最青睐的）。

不管用哪种尖塔手势，都能说明你知识渊博、自信，会让你感觉自己信心十足、权威强大。但必须要知道何时使用尖塔手势，因为它同样会给人一种咄咄逼人、刚愎自用的感觉，特别是手枪塔。不到万不得已，不要用尖塔手势，除非你想很快弄糟跟别人的关系。

教堂尖塔手势

把你所有的指尖像教堂塔那样并在一起，把手放在胸前，或者你身

教堂尖塔手势

前的某个位置。有些人对这个手势或许十分熟悉，也许你的老板、面试官、上级等任何大权在握的人都曾在别人面前做过这种手势。

　　人们考虑问题或做决定时，经常会用教堂尖塔手势，展现出自己有见识有权威做出决定的一面。上面的一张照片中，凯里跟克里斯说话时就用了塔式手势，他无意间流露的意思是他有权力，能掌控局面。而克里斯则相反，抱臂防守，尽管双臂交叉并非总意味着处于防守地位（也有可能是觉得冷，或正在想别的事情）。

　　此外克里斯稍微后倾，拉大了他跟凯里之间的距离。这告诉我克里斯抱臂并不是冷，或在想别的，更多的可能是自卫。所以用这个姿势时小心点，你可能会失掉和别人的良好关系，或者令他人感觉沮丧。当然对方是土霸恶棍的话，哈哈，我强烈推荐这个姿势。

低塔手势

低塔手势跟教堂尖塔一样,不过手会放得很低,几乎就在你的隐私部位上面。

这个手势比高高的教堂尖塔手势要委婉很多,它仍然可以表明你的权威,但同时表明你不喜欢在别人面前表现得过于自信。这是在委婉地告诉别人,虽然最终决定权、控制权在我,但我也很乐意倾听你的观点。

低塔手势

篮球塔手势

这个很受欢迎的手势像极了你手里拿着篮球时的手势（一般外向的人的篮球塔手势更夸张，动作幅度更大），不仅让你看着强大，还感觉易于接近，是获得别人信任的最有效的手势。

篮球塔手势意味着你对自己的信念很坚定，充满了希望。我说话时会不由自主地用这个手势，或许是因为觉得自己在谈论的话题上很有权威吧。但我并不想让听众害怕我，只是想要他们喜欢我。许多公众演说家也用篮球塔手势，比如奥巴马总统最喜欢的手势就是篮球塔。

篮球塔手势

手枪塔手势

这是个明显带有咄咄逼人之感的手势，暗指你绝对说到做到。因为用手枪塔手势时，你可能会无意间驳倒别人说的话，这会让你显得专横傲慢、控制欲强、自恃高人一等。

照片中凯里就用了手枪塔手势，下巴靠在"手枪"上，释放出一种不认同或沉思的信号，或者暗示正在进行自我独白。此外，手枪塔手势还意味着当事人试图闭嘴。

静止的手枪塔手势

其实，这把"手枪"是有指向的，这也是手枪塔手势显得有攻击性的原因，因为你无意间就会"扫射"别人。所以寻求外交关系，或试图与同行人达成共识时，千万不要用手枪塔手势。如果你是蓄意要侮辱某个人或某个团体，那倒不失为一个恰当的选择。

希特勒式手势

掌心向下，手臂直直地前伸，就像行纳粹礼一样，也是一种象征权威和斥责的手势。其潜在含义是："要么关注我，要么干其他的去。"

我把这种手势叫希特勒式手势。对他人而言，希特勒式手势有令人窒息的效果，因为它意味着否定或直接摒弃别人刚才的言语。一般父母训孩子时会用这种居高临下的手势。记着，要想真的占据上风，一定要手心朝下。

希特勒式手势

推 掌

这种手势跟希特勒式手势很像,只不过不是手心朝下,而是手心朝向他人,无意间表明:"懒得理你。"这也是种居高临下的粗鲁手势,看着就像你要扇人耳光的样子。所以我们平时要避免用推掌手势,小心交不到朋友哦。

推掌

约瑟坐姿

这是专门为男人量身定做的坐姿。如果你在办公室被欺负了,那就采用象征自信满满略微傲慢的约瑟坐姿吧:头枕着双手,身体靠在椅背上,双腿轻松地伸展开,或像凯里这样跷个二郎腿。

哦,解释一下为什么叫约瑟坐姿。因为我当时跟一个叫约瑟的前陆军游骑兵一起工作,每次这个老大在办公室聊天时都摆这种姿势,完全就是终极自信的样子!他压根就不怕任何人。

记住这一条:拿不定主意时就舒服地伸展身体,占据更多更大的空

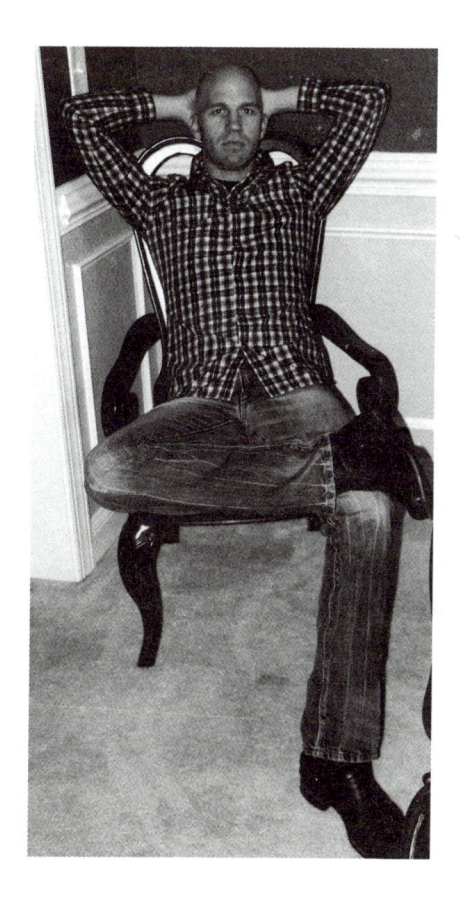

约瑟坐姿

间，利用约瑟坐姿给人一种你很强大、拥有主导权的感觉吧。

大猩猩姿势

如果你打算生动有力地传递信息，那大猩猩姿势绝对够震撼。我告诉推销员跟人沟通时就用大猩猩姿势，因为大家都信任那些看着自信的人。

怎么做大猩猩姿势呢？把手放在桌上，身体向坐得离你近的人前倾，这会让你看着更加风度翩翩。如果还嫌不够炫，那就在做大猩猩姿势时保持微笑吧。

不笑的话，虽说仍是信心满满的样子，但会让人家觉得你不太友好，更

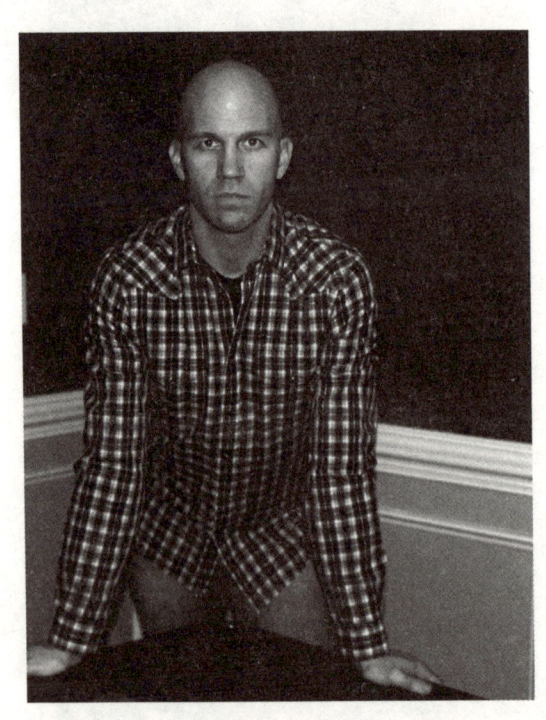

大猩猩姿势

有攻击性。微笑还是严肃，看具体的情况和需要吧。之所以命名为大猩猩姿势，是因为这个姿势跟大猩猩雄心勃发捍卫领地时的样子很像。

扬起下巴

下巴上扬的人走路时会给人一种优越感。有这么一个关于内向人和外向人的笑话："你怎么知道内向的人是否喜欢你呢？他要是看你的鞋子的话，那就是喜欢。" 这虽是个笑话，却能说明外向型的人表达喜欢时惯于微扬下巴。

但想一下这个情景：对某人不屑一顾时，你是否也会扬着下巴，睥睨别人呢？所以微扬下巴表达感情也是有讲究的。比如，阔步走进屋子，此时下巴微翘则不会有傲慢味儿，相反会让你看上去更加自信。我自己习惯了微扬下巴，每次这么做的时候，姿势就会更棒，人也会更有震撼力。

不要遮盖你的颈窝

颈窝是身体中非常脆弱的一部分。我们呼吸、说话和吞咽都得用到脖子，就连为大脑和脖颈提供含氧血的颈动脉也在这里。可以说一旦脖子受袭，我们就会有生命危险，所以只要觉得有危险，我们就会不由自主地移动脖子，试图保护其不受伤害。

在电影《身份盗窃》中，梅丽莎·麦卡锡的经典动作就是用手打击

别人的颈窝，然后将他们扳倒在地。这可是真实的武打技巧，用手袭击颈部会引起人的窒息，有时被袭者甚至还会因气管破碎而人事不省。

那些忐忑不安地走进审讯隔间的拘留犯坐下时会蜷缩成一团，双腿紧紧地交叉在一起，胳膊肘像粘了胶似的使劲贴着身体，一只手还要遮着脖颈。有时这只手还会移到脖子后面，滑到颈窝处。这种姿势他们可能会保持几个小时。

然而一旦建立起良好关系，比如分享了一些茶点美味，或玩了一场游戏，他们的手就会慢慢移开并放下。每次看到这种情形时，我就知道他们已经觉得舒服多了，可以开始慢慢审讯了。但一谈到令他们难堪的话题，他们的手就又恢复了刚才的无意识姿势。

无论男女在面对压力时都会遮盖他们的颈窝。男人抓脖子的方式就像他们捋胡子一样，而女人的姿势则更优雅，有时只用指尖触摸。我观察过自己所有的同事、学生、朋友和拘留犯，很清楚搔脖遮颈是压力的体现。

不信下次你打牌，或问你男友昨夜为什么不回答你的问题时，看看对方的手会不会不由自主地滑向脖子，尤其要注意他们到底是何时开始这个动作的，因为那表明他们的潜意识中已经有压力感了。

颈窝同时还是一个性感带，暴露在外时就是说：我是开放的（注意，开放的意思不是指轻浮）。所以如果你想展示自己的自信、放松，记得不要把手放在你脖子或脸的任何地方。

现在你明白如何摆姿势能使自己看着自信了吧？这些姿势的最终目的就是让你觉得自信。但人为什么需要自信呢？原因有下面几点：

★ 你总会跟陌生人交流，此时你会想自己该自信点、有力点、讨人喜欢点；

★你不能紧张，同时还得有能力掌控谈话；

★你得通过寻找共性，得体恭维，利用肢体语言，改变个人偏好，真诚相待，站在他人角度看问题等方式来建立良好关系；

★你需要解读别人的肢体语言，给他们划定基线；

★你需要通过观察偏离基线的异常，识别行为的不一致性；

★观察到异常举动时，你还得用恰当的提问技巧，深入之前讨论的话题，让真相浮出水面。

可以说要想成功做到这些，你都需要有自信心。下次想挫败一个小混混，或者需要坚定维护自己的立场时，试着做到这些：首先，纠正你的姿势，放松呼吸；然后大步流星地走到对方面前，像超人那样站着，双脚分立25.4厘米，下巴微扬，身体向对方倾斜，让音调低沉些，但别忘了微笑，这能让在你拥有威信的同时还不失亲切感。

一旦你浑身洋溢着自信，那些小混混就再不敢找你的麻烦了。但若是你觉得没信心，小混混可是会看穿你，下次还会给你捣乱。所以需要的话，尽管使用尖塔手势和能量姿势吧。要是这些都不管用，迫不得已，那就使用希特勒式手势或推掌手势吧。

自信的声音

能掌控好自己的声音也是改变自我感觉的一种方式。

说话时响亮清晰，强调关键词，降低音调，做好语句的组合，都能让人及时消化你讲的内容。之所以要用低音调，是因为音调升高时，音

量就会变得轻弱压抑，而这是没安全感和紧张的暗示。

不知道你有没有看过福克斯新闻频道的脱口秀节目《比例失衡》[1]？里面有四个女主播，一个男主播，其中女主播哈里斯·福克纳的音量比其他三位女主播都要大，但她的音调却相对较低，所以听着特别有威信。就我个人而言，我很喜欢听她说话，也更倾向于相信她说的话，因为无论声音还是表情，她都要比其他女主播更自信。

健康安全调查员、审计师、防火调查员、儿科牙医、小企业主、大企业家……可以说各种职业背景的人都听过我如何使用肢体语言，从中辨别欺骗，提高沟通技巧的演讲。

但去年我发现一个不幸的趋势：演讲之后，职业女性时不时会来问我她们该怎么对付办公室的恶霸。这让我觉得很悲哀，女人在工作中总会觉得受到了欺凌、威胁。要是读这本书的你恰巧也处于这种境地，就使用我这章所列的方式吧，我保证你会改变与对方的关系的！

第六章我将谈论如何建立良好关系。即使对方是一个彻头彻尾的陌生人，你也能与之建立起良好关系。

我会教你学会如何让别人喜欢你，觉得跟你待在一起舒服，喜欢跟你在一起，把你当成领导，听从你的命令，向你咨询建议，对你尊重有加。这样的潜在结果可能会让你得到晋升、观点得到传播、说服陪审团赢取案子、让罪犯向你悔罪、让家人朋友对你开诚布公，最重要的是能让你身边充满正能量的人。听着很不错吧？那就接着读下去！

---

[1]译者注：其英文名为Outnumbered，是美国福克斯新闻频道的一档节目，始播于2014年4月28日。之所以取这个名字，是因为其女主播和男主播比例失调，女主播占绝对优势。该脱口秀节目主要是对新闻头条进行评述。

第六章

E—— 建立良好关系：让别人喜欢你

此章不仅有助于提高你人际交流的技巧，也是我所创造的五步法中的重要一步。

建立共同点只是建立良好关系的一个技巧，接下来我还会给你另外10个让别人喜欢你、信任你的诀窍；以及跟你分享其他5个小贴士，帮你实现个人或职场上的有效沟通，建立互尊互惠的关系。

人们发现我是塔利班和基地组织的军审员后，经常会问我："作为女人跟这些人谈话时是啥感觉？"他们就想知道这些人是否会因我的性别而不尊重我，或者我有没有感觉总是处于劣势地位。

我告诉他们被当成第三性看待的感觉实在太棒了。没错，我是个女人，但在他们眼中，我是美国军人，只不过恰好是女性军人而已。他们对我的方式可跟对他们自己文化中的女人不一样，第三性的角色着实带给了我很大的便利。

事实上，每个女性审讯员都会告诉你同样的话，想想就知道了：我又不是人高马大的美国海军陆战队士兵，只是一个娇小、有同情心但很有威信的女性，所以拘留犯跟我在一起会觉得更放松，不像跟男性军审员待在一起那样有强烈的防卫心。

这倒不是说我的异性搭档不如我,许多人都做得很不错,尤其是那些跟拘留犯有相同文化背景或会说他们语言的同事,他们做得更是出色。呵呵,假如我要再回去工作,我一定要学习下阿拉伯语。大学所学的德语和意大利语在关塔那摩根本派不上用场。虽说我在那里学了一点点阿拉伯语,但如果了解得更多,那肯定会增加我和他们的共同点,对开展工作也会更有利。

　　说到阿拉伯语,我想起了一件趣事。在接连审讯了好几天说阿拉伯语的拘留犯后,我渐渐能迸出几个单词和短语了。有次审讯时,我竟然明白了拘留犯的阿拉伯答语,结果不等口译员翻译,我就进入了下一个问题。

　　那会儿,拘留犯吃惊地看着我,特别生气地说:"你说谎!你本来是会说阿拉伯语的!"我只好给他解释说我不会说阿拉伯语,但我会像他们学说英语一样学他们的语言。

　　事后过了很长一段时间,我才重新获得了他的信任。这次经历给了我个教训:等你的口译员翻译完再说!

　　我下了很大功夫才获得了拘留犯的尊重。首先,跟我一起共事的权威人物尊重我,这让拘留犯们也不敢小觑我。年长的男口译员、男监狱看守和其他的异性军事和文职人员都尊重我,而人们一般会尊重那些备受他人尊重的人。

　　其次,在辨别不同文化,克服跨文化障碍时,人类学和考古学的背景也给了我帮助。但即使如此,我也依然没能进入中东的文化圈,不会说他们的任何语言,偶尔迸出的几个单词根本派不上用场。那我是如何通过共同点跟拘留犯们建立良好关系的呢?虽然我们应该没有共同之处，至少我想没有。

后来我绞尽脑汁地想了下，还是找到了我们的共同点：

这些为基地组织奋战的外国人，厌恶美国及其代表的一切的外国人，跟我一样都是人类。如果我把他们当人一样对待，希望他们也可以给予我同样的回报，把我也当人看。

然后我们都在关塔那摩的监狱里，他们被监禁着，而我要在此当值；再有我们都有家人，虽然我没结婚也没自己的孩子，但我有侄子、侄女、姑表亲，而他们肯定也有；嗯，还有我们或许都是吃货，也许我能找到他们爱吃的，审讯时带进来，当作友好的示意。

这么一想，我就打算从最基本的开始。既然我们呼吸同样的空气，吃一样的东西，都有情绪、感觉和信念，我就可以拿任何一样共同点来建立我们之间的关系。就算我们信念不同，我依然可以感知他们的信念，与他们以诚相待。

此外拘留犯们也经常好奇我是谁，是怎么来到这里的，所以我可以创造一个聊天的机会，进而建立良好关系。现在你看到了吧，你可以跟任何一个人建立关系，即使对方是一个恐怖分子。

你们中可能有人会疑惑我为什么想跟他们建立良好关系，或者怎么能跟他们建立良好关系呢，答案是我不得不这么做。我之所以能，是因为我知道如果我能跟他们建立起良好关系，获得他们的尊重和信任，最后我会得到更有价值的情报信息，让美国和它的武装部队、军事文员处于安全状态。

所以要记住：你能跟任何一个人建立良好关系。

作为军审员的一天

已经是黄昏了，但空气依然又湿又热、黏糊糊的。我那被汗水浸透的制服现在已经干了。此刻我在审讯屋里吹着空调，跟口译员一起等一名叫艾哈迈德（安全起见，使用了化名）的沙特拘留犯。

说真的，我的热忱早已消磨殆尽，不要说热忱了，现在我应该都有点心灰意冷了。我审讯的每个沙特拘留犯看上去都特别冷血，很棘手。通常，他们就坐在我对面，黑色的眼睛死盯着我，感觉就像要把匕首插入我灵魂似的。

我知道如果他们有机会的话早就拿匕首刺向我了。好在他们都戴着脚镣和手铐，因此那种情景是不会发生的。他们会向我皱眉、咆哮，说我体内有邪恶的基因。老天，跟这帮沙特人交手实在是太困难了。我试了每一种可能的方式和技巧来跟他们建立关系，但我相信那一夜等待我的将是又一场让人身心俱疲，最后以失望告终的审讯。

我为这场审讯做了好几个小时的准备，把每一个如何让他们参与对话的方案都在头脑中过了一遍。正当我大脑飞速运转想审讯计划时，走廊的门忽然开了，熟悉的"拘留犯就绪"喊声打断了我的思路。

口译员和我看了看彼此，叹了口气。他知道这又将是个漫长的夜晚，而我开始有了新的想法：如果我试试完全不同的方式，只靠直觉行事会如何呢？去他的审讯计划！

就在那时，被监狱看守们夹在中间的艾哈迈德出现了。他差不多有175厘米高，十指交叉，双肩微垂，这个姿势跟抬首挺胸、准备战斗的沙特拘留犯的典型姿势大有不同。肩膀微垂意味着他对自己和环境都没把握，或许是紧张、害怕吧。

我微笑了下，他抬起头，正好碰上了我的眼神。那一微秒中，我看到他脸上露出了细微的笑，尽管即刻又恢复了皱眉的状态（这便是微表情了，第九章会具体谈到），然而我已明白靠直觉行事没问题了。

看守就要领他在椅子上坐下了。我们给拘留犯准备的是不会转动的折叠金属椅。为了安全起见，拘留犯坐下时，会用地上的锁定插销铐住他们身上的链子。我们军审员的椅子则是有椅垫的会旋转可移动的椅子，当然要舒服多了。

看守领他坐下时，我说不要。艾哈迈德疑惑地看着我，看守也一样充满了疑虑，我把拘留犯要坐的椅子拿过来，在锁定插销前面换上了我那把舒服的椅子，"我想要他坐这把椅子。"我对看守说道。这时连口译员都开始诧异了。

通常情况下，我会告诉口译员在审讯间要做的所有事情，我们就是不可分割的二人组，审讯间发生任何事情，他都不会不知道，也不会措手不及。而今天我没告诉他我要换椅子，让自己坐在冰冷的金属椅子上的事，因为我之前也没想到这个计划，完全是凭直觉行事。好在我的口译员知道我做事向来有道理，可能会改变备用计划。是的，审讯员得像流水一样，能找到决口奔流而下。

起初艾哈迈德还比较抗拒，来回摇头用阿拉伯语说不。我的口译员对他翻译道："不要拒绝了，我不能决定她坐哪把椅子，所以你的金属椅给她坐吧。"我带着笑意看着他说："请坐我的椅子吧，今夜我想让你坐得舒服点。"口译员再次把我的话翻译了过去，艾哈迈德终于不再抗拒，勉强坐下了。

监狱看守遂将他的脚镣、腰链铐在了锁定插销上，然后我又吩咐他们解掉艾哈迈德的手铐。这时，艾哈迈德看着我笑了，我寻思这个家伙会不会是个突破口。看守问我是否还需要其他的，我说不需要了，随即

让他们走了。现在口译员和我都坐下了，我们把椅子向艾哈迈德的社交空间移近了一点儿，他好像并不介意。

说到社交空间距离，共有4种类型：亲密距离、私人距离、礼貌距离、一般距离。因各个国家文化不同，距离也便不同。

中东许多国家的社交空间距离要更近一些，可以说基本不存在空间感。比如，在中东，人们在公共场合用的也是亲密距离，男人在街上并肩走路也是尊重的一种表现。

但对美国人而言，社交空间距离就很明显。亲密接触的距离约有46厘米，适用于自己的配偶和孩子。私人距离介于46厘米到122厘米之间，能享有这个距离资格的只有亲朋好友。礼貌距离则在122厘米至366厘米之间，这是熟人和同事该与你保持的距离。剩下的人只能与你保持366厘米以上的一般距离了。

还是那句老话，入乡随俗。我的口译员和我都身体前倾，好让艾哈迈德能参与到对话中来。结果他马上用阿拉伯语说了一句话，我的口译员即刻译给了我："谢谢你让我坐这么舒服的椅子。我真的太需要了，真的很感谢。"我呢，则查了他的卷宗，问了他的名字和其他一些问题，确认我的确是找对人了。

很快3个月就过去了，艾哈迈德跟我建立了不可思议的关系，这彼此尊重的关系完全是我有意建立的。我们开始分享茶点，交换故事，甚至在一起哈哈大笑。为与他合作，我给了他特别的待遇，而他也在这三个月中给我提供了远比我想象中多的信息。

有天，他让我悄悄给他安排次审讯，因为他有秘密要告诉我，而他不愿意其他拘留犯看见他，害怕他们因他跟我们合作而报复他。那次他提供的信息特别有价值，我们遂在营地内展开了大规模的调查，艾哈迈德也因为合作，以及我们之间的信任和关系而受到了其他工作人员的喜欢。

又过了几天，在艾哈迈德的又一场审讯结束后，我站在走廊等监狱看守将他带回牢房时，他问我想不想知道他为什么会跟我合作，告诉我过去几个月的所有信息，我说："当然想知道了，艾哈迈德。""因为你第一天对我就这么好，给我舒适的椅子坐，所以我也想对你一样友好。你尊重我，我就回予你尊重。这是我的文化。"他如此回答。

天啊，还好我听从了自己的直觉。如果按照常规行事，我永远都不会跟他建立起这样的关系，当然也永远拿不到够多够有价值的情报，而这一切不过是源于一把舒服的椅子。

一般而言，人们都会想回报别人的善良，不管这份善意仅仅是一个微笑还是给他人的切实帮助，就是关塔那摩里的拘留犯也不会对此无动于衷。这种常见的诱导技术就是等价交换。通常情况下，如果你给别人分享了一些私人信息，他也会给你分享他的，你请人喝一杯，他下次也会请你喝一杯。这方法简单好用，记住吧。

让大家都喜欢你

谁不想让别人喜欢自己呢？此刻我就告诉你如何利用10大建立良好关系的技巧做到这点。

如果你明白人们一般会喜欢跟自己相似的人的话，那这一章对你实在是太管用了，你能利用这些基本诀窍建立持久有意义的私人关系和职业关系，凭此提高自己在乎之人对自己的信任度，甚至还可以提高自己的收入。

知道吗？销售员促成一笔交易靠的并非产品，而是通过良好关系和说服力构建的顾客关系。我给销售员和小企业主做建立良好关系和加强沟通技巧的培训，就是为了让他们在自己的领域内做得更好。人们不想从他们不喜欢的人那里买需要的东西，却很愿意从他们喜欢的人那里买东西，即使这东西他们并不需要。

良好关系是一种感觉，是两人或更多人之间互动和交流的一种联系。良好关系还是一种行为，借助于这种行为，人们能与他人产生联系。人们的共鸣、尊重、信任、接受和真诚都跟和谐融洽的关系有关。这种关系是情感层面上的联系。

你可以通过真诚地倾听、理解他人看世界的方式、尊重他人的价值观等方法来表现你对他人的认同，这在跨文化交流中尤其重要。基本上，关系是相互的，如果你拥有积极的人际关系，那就等于有了建立亲密关系的纽带。

关于积极和消极关系的建立，想来此类的内容你多少都有点了解。你会通过说或者做来激起他人的尊重、佩服、兴趣和真诚，进而让人家喜欢你，跟你建立积极关系。而建立消极关系恰好相反，你会做不道德或不雅的事，诸如用小恩小惠贿赂别人，把共同点建立在别人的痛苦之上（嘲笑人、表现出优越感、开伤人的玩笑都在此列）等。我的建议是不要建立消极关系，因为最后你会败得很惨，这可不仅仅是简单的不快！

写这个话题的部分作者认为良好关系并不是让别人喜欢你的必要条件，对此，我可不敢恭维。你无法跟你不喜欢的人建立积极关系，换言之，你想要与之建立积极关系的人，你至少不讨厌对方。从这点看，你当然是要通过良好关系让别人喜欢你的。

记住人们会喜欢跟他们相似的人，但你如何变得跟别人相似呢？答案就是寻找或创造共同点。你们都喜欢同一个足球队，都住在同一个城市，都有狗，都喜欢航海，等等，这些都算是共同点。

明白这点后，你就会发现自己能在很多话题上找到与他人的共同之处。都有家人，都爱好谈判的艺术……随便什么共同点，只要你想与之建立良好关系，不管你是做商品宣传、逮捕罪犯、进行离婚协议谈判，还是要全力以赴参加面试，只要你试着发现就是了。

当然，建立共同点只是建立良好关系的一个技巧，接下来我还会给你另外10个让别人喜欢你、想与你谈心、佩服你、信任你的诀窍：

①微笑；
②小心地碰触别人；
③跟别人分享你的事情（等价交换）；
④谨慎地映射或匹配肢体语言；
⑤尊重他人；
⑥使用开放性的肢体语言；
⑦暂时搁置起你的自我；
⑧得体地恭维赞美别人；
⑨慢慢讲，细细听；
⑩让别人继续说话，同时进行位移。

1. 微笑

微笑分两种类型：真诚的微笑和虚伪的微笑。真诚的微笑需要用到眼睛，你能看到眼周周围的鱼尾纹和笑线，而虚伪的微笑，或者说销售式的微笑，眼周是没笑纹的。

为了证实，我还专门给自己的假意微笑拍了张照片，我发现假意微笑时并没鱼尾纹。真诚的微笑配上暗示对别人有兴趣的扬眉，会在无意识中告诉对方，你对他，或对他刚才说的感兴趣。

想一下，看婴儿和可爱的动物时，我们经常会睁大眼睛带着微笑，为什么？因为他们的可爱模样让我们高兴，反过来，我们也想让它们对我们有一样的感受。再看芭比娃娃和卡通公主，它们都有让人视觉愉悦的大眼睛。所以我们的眼睛越大，对别人的吸引力就越大。有意思的是，我们看到有趣或吸引人的东西时，瞳孔也会变大。好好发挥你的优势吧，用用眼睛的无声表达。

所以上司给你看他家新生儿的照片时（虽然你觉得俨然就是没趣的红泡菜），你要是想笑得真诚些，记住，一定要在眼周堆出些皱纹来，顺便扬起眉头说："哇，好可爱啊！"

打电话时也要笑，知道吗，你实际上能听到某人的微笑，尽管判断这个微笑是真是假要困难些，但这不耽误你听对方在说什么。此外，你还可以听到某人是否精力充沛。

总之，微笑会给人一种迷人性感、乐观逍遥的感觉。你越有信心就越精神抖擞，反之，你的魅力和精神就会大打折扣。人们都喜欢积极、乐观、开心、有非凡魅力的人，比起安静、害羞、闷闷不乐和魅力不足的人，大家对前者的信任度要更高。

不管怎么说，笑一笑总是无妨的！

2. 小心地碰触别人

想要给人留下美好的第一印象，你当然得有强而有力、让人难忘的自我介绍。你肯定想通过令人感觉舒服的方式让别人记住你。

初次见面时的身体接触一般就是握手。看你所在国度的文化吧，欢迎陌生人时往往要遵循文化习俗。有些国家的人初次见面会鞠躬，美国人则喜欢有力地握手，还有的国家习惯温和地握手。一句话，不要把别人的手握得太紧，也不要幅度那么大让人家头痛，轻微有力地一握，上下抖一次就足够了。

人们经常问我正确的握手姿势是什么。正确的握手是相互的，两人的力度大体相当，所以要跟对方的匹配才好。此外掌心不要出汗，有汗的话先擦掉，用口袋也罢，后背也好，或者直接用你的西服外套擦也行，反正要表现出你的在乎和尊重。

另外，千万不要用政治家的握手方式（用两只手握一只手），除非你握手的对象是一个年长的人，或你想表达非常诚挚的慰问。切忌用这种握手方式来暗示控制，小心分分钟毁掉你们的良好关系。

继握手之后还会有身体接触。我知道这听上去有点奇怪，甚至有点不礼貌，但我保证情况并非如此。

在当今社会，好像身体碰触只在双方很熟悉的情况下发生，比如亲朋好友间。在触碰这事上，你与家人的处理方式，比如你们会经常拥抱，或是从来没有这样表达过感情，都会影响你长大后对碰触他人的看法。

另外，时不时发生的性骚扰指控也给一切触碰罩上了阴影，人们宁愿失之于过分谨慎，也不要行握手礼。对此，我并没有责怪之意，但我们却可能因此丢失了触碰带来的重要信息。跟一个陌生人的得体身体接触会加强你们间的纽带，有助于建立融洽关系。有时，身体的触碰远胜于言语的表达。

要是有人一边对你说他需要把狗放下，一边把手搭你肩上，那意思是说："稍等下，我这就来。"当然了，碰触的对象不仅是别人，自我整

理时，如给头发打卷，让胳膊靠近身体，拥抱自己，抓角质层，用手指擦唇，给脖子按摩，用胳膊上下擦手，也是一种碰触。所有这些自我碰触都能对我们的大脑发送一种宽慰平静的信息。至于大脑对他人触碰的反应则取决于触碰你的对象和情景。

首次见面就想有身体接触，意味着你得知道安全区在哪里，毕竟要接触的是个陌生人。一般来说，上背和肩，一直到胳膊肘都是安全区，碰触范围在这个区域的话就算安全。

万万不可摸人家的下背，那里是亲密区。如果你看见你的两个同事一起走，男同事送女同事出门时，他的手轻轻地摸了她的下背地带，要么这男的是一个不知安全界限的蠢货，要么就是两个人已上床了。

两个人交往时都要恪守触碰安全区，首次见面谈话的10-15分钟里，至少触碰对方3次。第一次当然是大大方方地握手了，第二次可以试着轻轻碰一下肩背，第三次可以在分享笑话或大笑时轻轻拍一下对方的上臂，第四次可以在握手告别时，传递给对方一种你跟他交谈很开心的信息。安全碰触陌生人四次，就这么简单。

3. 跟别人分享你的事情

人一般会互相交换秘密，所以不妨利用之前谈到的等价交换，跟别人分享下你的事情，以此建立或增强关系。

比如，我悄悄告诉你，昨夜因为超速，警察让我把车停到一边，罚了我180美元，我希望的是你能有所回应，给我分享个类似的经历。如果你的回答是"真是太讨厌了，我上周也被勒令靠边了，不过因为过生日，顺利逃脱"，那我就知道你愿意跟我一起分享私人经历了，接下来我就会选择告诉你更多的小秘密和敏感信息，并且希望你对我也一样。

我经常在学员的培训中扮演角色，测试学生的应对能力。有个测试的目标就是让他们跟我分享敏感信息，这时我就利用了等价交换的技巧。当然我并没跟他们分享真实的敏感信息，不过是编造了些而已，但他们的信息却是实打实的真实。

如果我能让他们认为我对他们足够信任、无话不谈，他们通常会一头栽进来，跟我分享他们的秘密。其实，我算是利用人与人之间的信任关系达到目的的。不过因为是培训需要，我这么做也是情非得已，无可厚非。

利用等价交换可以帮你发现共同点。还是回到先前的例子，你也跟我分享了警察勒令你停车的经历，那我们的共同点可能是双方都喜欢开快车，或者一致认为最高限速应该再高点，再不然就是觉得警察是一群废物，除了开罚单还是开罚单。

当然了，即使不尝试，你也可能发现跟对方的共同之处。比如，我坐飞机时经常会睡觉，但要是听到邻座跟我的口音一样（尽管基本不会发生），我还是会即刻感觉到我们之间的共同点。如此一来，就可能会跟对方聊聊天。我见过在机场高速人行道上走的陌生人，就因为都穿着同一个运动队的球衣，便会远远地击掌或点头示意他们是一路人。

再拿我爸爸来说，他是一个哈雷摩托车的忠实粉丝，当我们骑车出去遇见另一个骑摩托车的家伙时，哪怕对方骑的不是哈雷摩托车，也会跟我们挥挥手，因为我们都是摩托车的爱好者。所以看到了吧，发现共同点是多么简单的一件事！一旦你说"我也是"或"我双手双脚赞同"时，你们就已通过共同点产生了情感共鸣，此刻就能开启谈话模式，开始聊聊了。

下面再举一个例子。你在杂货店前排着长长的队等待结账，却看见收银员脸色难看把气撒在了顾客身上。等到你时，她的心情更糟糕了，

而你压根就没招她惹她，只是老老实实地排队，她凭什么不尊重你啊，难道就因为她今天心情不爽吗？你当然不该受到此番待遇，下次利用这招改改她的恶劣态度。相信我，绝对管用。我之前就用过。

有次货架通道里排了很长的队，收银员已经很不耐烦了，想尽快结完账。我知道她看到我篮子里的东西时，会更烦躁。前面的顾客都一个个开始数说她态度不好了，等到我的时候，我决定改变一下她的态度。我走过去，给了她一个大大的微笑，把购物篮放在了收银台上说："想想我来这里就只是为买两样东西，排这么长的队，真不容易！"她停下来看着我，肩膀一下子放松了，微笑着叹了口气说："跟我一样，我也总是这样子。"我跟她的共同点就这么建立起来了。不过真正让她心情改变的还是我那大大的微笑。我想排队的人没人对她微笑吧。这就是交换！种瓜得瓜种豆得豆。

4. 谨慎地映射或匹配肢体语言

良好关系可以通过映射别人的肢体语言、音调、音量、单词和语言、眨眼的速率，甚至呼吸的节奏建立起来。什么是映射别人的肢体语言呢？就是做的动作和姿势跟对方的镜像一样。

在下面这张图中，凯里左手拿了一杯葡萄酒，克里斯右手拿了一杯葡萄酒，他们做的其实就是对方的镜像动作。

举个面试的例子来说，面试官坐在桌子后面，过了会儿她倾身侧坐，左胳膊肘顶在桌子上，用手支着下巴。如果你想映射她的姿势，那你该把左腿放在右膝盖上，同样倾身侧坐，右胳膊肘顶在左膝盖上，然后用右手支着下巴。

映射肢体语言

匹配肢体语言则正好相反。这时你展示的肢体动作跟对方一模一样。下面这张图中，凯里和克里斯都是右手拿着葡萄酒杯，两个人做的就是匹配肢体语言。回到面试的那个例子，如果面试官右手支着下巴，你也右手支着下巴，那就是肢体语言匹配了。

无论是映射还是匹配都必须得自觉学习另一个人的行为，做的时候还不能让他人感觉到，这样才会看着自然不做作。记住不要生硬地模仿别人，那只会毁掉一段关系。

为达到自然而然的效果，就要避免肢体的突然移动，不妨先等上30秒再映射或匹配别人的动作或演讲。同时，回应时要有自己的观点，跟别人略微有所不同，不然，别人发现你做小动作的那一秒，就是你看起来无比白痴的一秒。

匹配肢体语言

换位想一下，如果你逮到人家模仿你，有没有可能觉得烦人，有点起鸡皮疙瘩呢？但如果你小心行事，巧妙地在动作和演讲中模仿别人，他们潜意识中会觉得你跟他们相似，感觉跟你建立关系会更容易。瞧，单靠看着跟别人像或听着像，就能创造出两个人的共同点来。

当别人反过来开始无意地映射或匹配你时，你就达到"先跟后带"的目的了。今天上班或下班回家时，可以观察下你的同事或家人有没有模仿你，要是他们模仿你了，他们可能会跟你节奏一致，会倾听你的每个单词。

你也可以在电话中映射或匹配别人——只管用同样的说话方式、词汇、语气、音调、音量。如果你说话像他们，听起来也像他们，他们就会不知不觉地喜欢你，良好关系就这么轻而易举地建立了。我打电话找

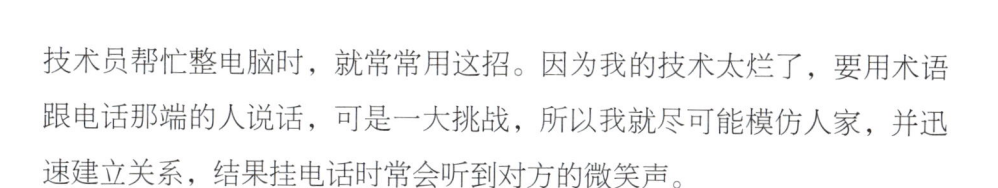

技术员帮忙整电脑时，就常常用这招。因为我的技术太烂了，要用术语跟电话那端的人说话，可是一大挑战，所以我就尽可能模仿人家，并迅速建立关系，结果挂电话时常会听到对方的微笑声。

如果你得跟口译员一起工作，记着自己去映射或匹配你谈话的对象，即使你们都听不懂彼此的语言。不要让你的口译员做映射或匹配动作，因为建立关系的不是他。

好的审讯员会训练他的口译员，让口译员映射或匹配他的动作，成为默契的二合一组合。这样的话，就算拘留犯只能听懂口译员的语言，他跟审讯员的良好关系也能（有希望）建立起来，因为是审讯员在操纵所有步调。

比起映射肢体语言，我发现口头上的映射更容易也更有效。如果我映射某人的语气、音调、说话的语速，效果肯定要比做对方的镜像动作和姿势要好，因为听上去像那个人，他们就会觉得我跟他像。

比如，内向的人一般说话轻声细语，因为害怕说错话，总会想接着要说什么、怎么说，而像我这样的外向型的人，说话声音大语速又快，结果经常说错话。所以我要是跟相对内向的人交谈，就得调调音量，这样听着才更像他们（第七章会多谈些性格偏好的话题）。

我的"金发碧眼魔女"经历或许更能说清我是怎么映射别人语言的。有天我在杂货店购物，走到了葡萄酒品尝桌边。我正要取杯尝尝时，桌后面的那位绅士就给我递上了杯子，可看到我的证件时，他又收了回去，以谦逊的语气问道："你是情报局的？"

我暗自得意他恭维我呢，于是就把我的证件递给了他。证件上有一张我的照片，大约是2002年拍的，我顶着一头天生的黑发。"你之前是黑发！"他的声音里带着嘲讽的味道。

真是的，还有比这更明显的事实吗？！他的态度让我不高兴了，于

是我打算利用我建立关系的技巧让他改变下态度："是的，我用了漂白剂。"随之露出一个大大的微笑。

他把我的证件还给了我，开始倒葡萄酒，说："我管这叫魔术。"

"嗯嗯，魔术要花不少钱呢！"我以开玩笑的口吻回答道。

他抬眼看了看我，随即也笑了。哈哈，我胜利了。就在此时，另一个金发碧眼的年轻女顾客进来了，亦加入了我们的对话："我也用了魔术，简直把我的钱包榨干了。"她斜过身来，假装要对我耳语一番。

我们两个人都用了他说的魔术，这可让他感觉舒服多了。不大一会儿，我们三个就边品酒边聊起来了。后来我买了一瓶酒，兴致勃勃地离开了。瞧，这就是利用他人语言的力量。人家会发现你映射了他们的语言，觉得他们受到了你的关注。坦白点说，谁不想得到别人的关注呢？！

5. 尊重他人

种瓜得瓜种豆得豆，因果报应，你给别人什么就会得到什么。所有这些言语无非是为了说明我们如何对待他人，他人就会反过来如何对待我们。不付出就不会有收获，就这么简单。

为了得到他人的尊重，你该怎样去尊重别人呢？首先，要允许别人有自己的观点、立场，就像你也希望别人允许你有自己的观点、立场一样。有时不得不求同存异，这就要求先把自我立场暂时搁置起来。此时，你要谦逊、礼貌、专业、不对着干，表现出对他人的尊重、赞美和敬意来。

我总是对要被训练成审讯员的学生这么讲，用蜂蜜肯定比用醋吸引的蜜蜂多。换言之，如果你对人友善，那你就会得到更多。想想谁愿意给小气鬼东西呢？折扣、免费赠品、建议、敏感信息，没人愿意给吝啬的家伙。

我试图给新审讯员灌输这样一个观念：不管拘留犯犯下的罪是多么十恶不赦（相信我，大多并非真的十恶不赦），他们依旧是人类，应该以人类的方式对待他们。

那些与我一起工作但经验不足的审讯员总会反复说诸如"告诉我真相，否则"之类的话。否则什么，他们就待在监狱？否则他们就不会有烟抽？拘留犯听到这种话后，根本就不想跟你合作，只会变得有防范心，更想对抗，甚至挑衅生事。就像父母训斥孩子时说的"整理下你的房间，否则"一样，一般都没用，只会让孩子更加肆无忌惮。

这些拘留犯才不在乎呢，他们知道我们不能也无法逼他们说话。所以唯一的选择就是让他们想说话。虽然不必说"求求你了"，但作为掌权一方，我们的确该表现出对他们的尊重。我尊重自己的拘留犯，他们多数人也会回之以尊重，我就这样建立了良好关系、获得了情报。

因此，下次你去餐厅吃饭，如果服务生给你上错了菜，不要抱怨说她无能，试着礼貌一点说："不好意思啊，但这个菜不是我点的。你能把我点的送上来吗？我和家人好一起用餐呢，非常感谢。"她可能会赶紧回去给你换菜，而不是背地里在你的食物上吐口水。

别人尊重你的另一个好处就是你可以同时获得人家的信任。凭借他对你的信任，走进他的私人世界。毕竟，面对我们信任的人，我们总会卸下防御的面孔，告诉他们我们的担心、害怕、希望和秘密。

6. 使用开放性的肢体语言

如果你想让别人对你敞开心扉，你首先得敞开自己的肢体语言。如

果你的肢体语言很拘谨，那别人也会对你关上心门。

为了有开放的肢体语言，你可以试试暴露我之前提到的三个脆弱部位：颈窝、小肚、腹股沟。这三个地方都处于暴露状态时，就意味着：我相信你不会伤害我，不会袭击我的颈窝、打破我的气管，不会照着肚子揍我或踢我的腹股沟。

如果别人从来没打过你的腹部，你真是太幸运了。十多年前，我常常练习少林寺流空手道。当时我是一个褐带高手，有着生命中最魔鬼的身材。在一次训练中，我要跟一个16岁的叫曼尼的黑带高手对打。

我得阻止他的拳头进攻，不用说，第一个拳头就输给他了。他直直地打在了我的肚子上，直接就让我喘不过气来了。那是我第一次喘不过气儿来，我还以为自己会死掉呢。等我恢复呼吸后，曼尼说："现在你要阻挡我的拳击。"我当然得阻挡，除非不想活了。

也就是从个人经历过的感受来说，腹部的确是非常脆弱的地方。暴露腹部和其他脆弱的部位是要告诉别人你有信心，对他们是敞开的。同样也无声地向他们宣告，你信任他们，希望他们也信任你。

不要在胸前交叉双臂。基本上，人们自我防卫或拒绝时总用这个姿势。虽然有时人在思考或感觉冷时也会做这个动作，但大部分情况下，很多人会把这当成防御性动作，所以尽量不要用。

同时，摊开手掌，掌心向外，千万别把手藏在口袋里。此外不要自我封锁，在你和别人之间设置屏障，桌子、计算机屏幕、一堆纸，甚至一杯葡萄酒都算是屏障。当然，自己的身体也会是屏障。

比如，一个男人想靠近坐在吧台的某个女人，然而女人对这个男人没兴趣，她会回头看，胳膊依然横在他们之间，礼貌地拒绝他的进一步邀请。这时，胳膊和肩膀便是女人设置的屏障。有时为了增强距离感，她甚至会动用钱包做后盾。

如果你想跟别人建立良好关系，就移掉你设置的屏障吧，别让这些东西阻挡交流。我审讯拘留犯时，通常都会把桌子放边上做记录，或直接就着膝部做笔记，拘留犯和我之间没有任何屏障。我想尽办法敞开自己，赢得他们的信任，最终形成情感上的纽带，那样他们想要对我撒谎时就会觉得不好意思，流露出羞耻感。

7. 暂时搁置起你的自我

为了建立良好关系，有时要善于接纳别人的意见、教育或建设性的批评，但太自我的人做起来往往比较困难。所以如果潜在的新客户想教导你品牌对她公司的重要性时，就算你是市场总监，你也得暂时搁置起你的自我、你的骄傲。

我之前就做了无数次这样的事，现在也依然在做，因为我是通过忠诚审查、参与秘密的人，不能随性说话。不过好处就是能满足别人好为人师的习惯。

通过忠诚调查、参与机密的人不能泄露他们工作的详情。若一群没接受忠诚调查的人在互相谈论他们做的项目细节，通过忠诚审查的人是不能参与的，更不能说任何他们目前的工作细节。海军特种部队也一样，当他们跟其他海员在一起时，甚至跟情报界的人在一起时，都不能分享任何关于他们工作、任务、部署地的事。

唉，这事儿对曾经的我而言尤其困难，每当我听到别人谈论关塔那摩拘留犯遭受折磨、虐待的传闻时，都有忍不住想告诉他们实情的冲动，我就在那里，根本就没看见任何对拘留犯施行身心折磨和虐待的事。可惜我当时必须得闭口藏舌，安慰自己说就让他们发泄吧，因为他们没必

要知道。

8. 得体地恭维赞美别人

如果恭维得有艺术的话，别人一定会很高兴的。一高兴，就想跟你分享他们更多的事情，让你感叹他们是多么了不起。不过千万别溜须拍马，马屁拍得太厉害，人家会看穿你的，这最终会毁掉你建立的所有关系和可信度。

你可以适当恭维下别人的外表，比如同事瘦了27斤，你可以说："看着真不错啊，你肯定感觉更健康了吧？"要是恭维异性，安全起见，最好还是恭维对方身体以外的东西吧，比如职业道德、奉献精神、在新项目中的鼎力相助、指导有方、专业技能，等等，都可以拿来恭维一番。

如果你是男性，避免对女性说："你穿那件裙子真漂亮。"要是恭维我的拘留犯，我会说我明白他们是多么为自己的文化、信仰、家庭骄傲，或者说其他的拘留犯应该以他们为榜样。总之，恭维赞美的把戏必须要有诚意。小小规则，却能让你受益颇多。

9. 慢慢讲，细细听

别人说话时，用肯定的方式不时点点头，这意思就是告诉人家："接着说，我听着呢，对这个感兴趣""我同意你的看法""我喜欢你说的内容""我想听你多说点"。要是再扬扬眉，那更会让人觉得你对他们的话很感兴趣。

但如果你看到有人不时对你点头，给你的却是虚假的微笑，留神

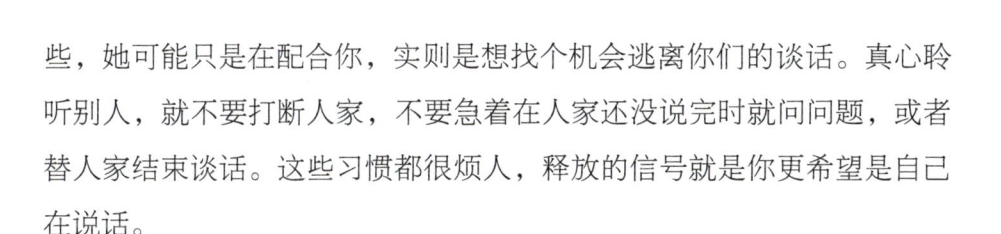

些，她可能只是在配合你，实则是想找个机会逃离你们的谈话。真心聆听别人，就不要打断人家，不要急着在人家还没说完时就问问题，或者替人家结束谈话。这些习惯都很烦人，释放的信号就是你更希望是自己在说话。

当你表现出对别人说的内容感兴趣时，他们会感谢你，感谢你让他们觉得自己还是重要的。学着慢下来，花时间听别人说话吧。如果你没好好听，就会错失关键信息，这对建立良好关系可不太妙。

在审讯时，我会因为急切想问下一个问题而时时忘记暂时停下，看看拘留犯是否在开始下一个问题前还有信息补充。停顿其实是个很重要的技巧，因为它会引起沉默，而许多人觉得沉默令人尴尬、不舒服，所以他们会赶紧开始下一轮谈话以减轻尴尬的氛围。

但我想告诉大家的是要学会享受沉默。如果你沉默多点，留给别人更多时间说话，会有两种结果：第一，他们会给你信息；第二，他们的自我会膨胀，因为人们喜欢自己多说少听是个不争的事实。

你这么经常处于听的状态，会让他们心里很舒服，而你知道的，让人家高兴的结果就是他们会更容易喜欢上你。由于我的工作就是获取信息，所以我就经常倾听，让拘留犯多说话，毕竟，我说话会占用他们说话的时间。

10. 让别人继续说话，同时进行位移

这是建立良好关系的最后一步。因为到这一步，你们之间已经有一点基础了，要做的就是加强你们的关系。我们已然明白让别人说话是件好事，可如何让人家愿意跟你继续对话呢？抛出来一个开放式，但需要叙述的问题，别问只需回答是或否的死问题。另一个好办法是请对

方帮你。

比如，在飞机上请陌生人帮你打开行李架，把包放进去；或者在拥挤的酒吧，离老板又比较远，想要叫一杯饮料，可以请酒吧的某个陌生人帮你。你请别人帮个小忙时，他们会帮你的，而且会因帮你而感到快乐。

以前我跟退休的联邦调查局特工共事过，他是个行为分析专家，经常说，没人出于善良帮助别人，之所以帮助别人，是因为帮了别人自己心中舒坦。理论上我并非不认同他的话，但这能说明我们人真的那么自私吗？当然啦，我也认为利他主义的初衷里肯定有让当事人自我感觉良好的因素。

冷血杀手朱迪·阿瑞亚丝在狱中就给记者使了这招。她相当狡猾，经常利用外表欺骗别人。她知道通过让别人帮她就可以建立亲密关系的把戏。2008年她在监狱准备接受记者采访时，只是聊了点与案件无关、友好轻松的话题，然后请他们帮她拿一下小化妆盒，让她先打扮打扮，甚至还说："先别摄像啊。"朱迪做的这一切就是想让大家都站到她这一边，把她想成漂亮无辜的受害者。

记着：无论你想卖东西，还是想兜售你的主意，第一步就是让别人跟你说话。

请别人帮小忙，问人家开放性问题都会使他人参与到你的计划中，不过这还不够，想继续发展，说话时就要让对方走动。如果有机会，跟人聊天时最好四处走走，这会让他觉得你已经在不同的地方跟他度过了很多时间，而事实是你只不过在不同的地方跟他待了几分钟而已，况且四处走走也会减轻压力。

假如你是个即将询问目击证人的律师，不妨在大厅见到他时就开始谈话，在去会议室的路上也不要中断。若是中场休息，可以一起去咖啡

厅喝杯咖啡，或是去小卖部买点饮料，然后一起回会议室。会议结束时，跟证人一块出来，他就会觉得自己跟你在一起待了一整天时间，更愿意与你进行密切联系。

同样适用于家庭

虽然把技巧用在家人和朋友身上对我而言比较困难，但有时我不得不这么做。同事瑟奇和我一起组建公司时，他给公司起了名字，想了商标，我真心觉得很棒，设计宣传页时就用了瑟奇设计的名字和商标，顺道给负责网站设计的弟弟送了一个副本。

他把打印的宣传册带回家给父母看了，然后正在弗吉尼亚海滩交通高峰期"奋战"的我就接到了老妈的电话："你爸想跟你谈谈。"天啊，老爸终于出面了，他让妈妈打电话肯定是有理由的。

"丽娜？"

"嗯，老爸。"

"我不明白一致[1]这个名字，我不喜欢，到底是什么意思？你知道公司的名字就是一切，乔布斯的苹果在广受欢迎前之所以有段艰难的时间，就是因为名字不好。平常人并不懂一致到底是啥玩意儿。我不知道……你最好重新考虑下。"

我试着给他解释意思，以及为什么要用这个名字时，觉得自己又回

---

[1] 译者注：作者公司的名字是The Congruency Group，直译为中文就是一致集团。

到和老爸惯有的谈话风格里去了：反驳他！谁让我们俩都很固执呢，想让两个人让步简直是异想天开！

说了一会儿后，我觉得自己是在跟他争论，我想我是靠什么为生的？不就是教别人如何舒缓争论吗？为什么我跟老爸就不能这样做呢？所以我赶紧刹车，开始运用自己的技巧，重复他用的单词，让他给个解释（因为我根本就不打算换名字），恭维他，问他认为我该怎么做，结果他说我得解释下这个名字。

我就以建议的方式回答，说我们可以把公司名字的故事放在宣传册和网站上。最终我们达成了一致。让他主导对话，对他自己的建议感到得意。事后，我也觉得老爸的建议真的很不错。关于这点，你可以在我们的网站和宣传册上看到解释。

不过我拿这事举例，是为了证明我需要放下自我，听他的建设性批评，同时还要耐心、聚精会神地听，为的就是有一个互尊互重的对话。我所以改变策略，也不过是为了有个更好的结局。

意识到自己进入了跟别人争论的模式时，或者跟某人介绍某事、为了证明某观点感觉受挫时，你需要赶快停下来，深呼吸，利用建立良好关系的技巧：暂时搁置自我，恰当恭维别人，尊重别人，映射/匹配他人，专注地聆听，重复人家用的单词，微笑。下面再举一个例子来说一下这些技巧的实际运用：

儿子："你拿走我的游戏机不公平。"
妈妈："你觉得不公平吗？"
儿子："嗯，我朋友的妈妈从来都不会把他的东西拿走。"
妈妈："你朋友的妈妈从来都不会把他的东西拿走吗？"
儿子："从来不！你就是不公平！"

妈妈："现在让我告诉你，我拿走游戏机并非是对你不公平，而是因为你没做作业，我说得对吧？"

儿子："我做作业了，妈妈！"

妈妈："嗯，你做了作业，但学校给我留言说你没做。"

儿子："我做了就是做了，我只是忘记交了。"

妈妈："所以因为你是忘记交了，那我收走游戏机就是不公平，对吗？"

儿子："好了，好了，我明天一定交上。"

妈妈："好。按时交作业，我就公平对你。"

在这件事中，儿子并没愤然离去，砰地把门关上，一晚上都不跟妈妈讲话。原因是妈妈借助谈话的艺术和词语的重复平息了儿子的不满意。相信我，就这么简单，我一直都用这招处理跟家人和同事的问题（哈哈，如果他们读了这本书，那我的秘密就泄露了）。

映射是另一种舒缓争论的方法。参与热烈讨论时，你不妨同时用上停顿和放慢语速的技巧，这并非是要你让步，而是让你占据上风。

因为相对慢的语速和较低的音调会给人一种更自信更镇定的感觉，进攻的那方很快就会认识到提高他的音量或者情绪化是多么愚蠢的做法。为了让大家都能淡定下来，进行理智的谈话，你得让这个好斗的家伙放慢节奏，接受你，尤其是你言行举止的影响。

提高人际交流沟通技巧的五个贴士

我向你保证，建立良好关系能提高你人际交流的技巧。但这里我还

要跟你分享其他五个小贴士，帮你实现个人或职场上的有效沟通，建立互尊互惠的关系。

1. 管理你的情绪

如果你太把自己当回事儿，那就会导致不理智、感情用事。你必须要意识到有时你是在跟一个角色/头衔/职位谈话，而不是那个人。

那个职位，而不是职位上的人，或许会告诉你，你不符合它的期望。你不能不喜欢那个掌事的人，也不能向她发飙，就算她本来可以把事情处理得更灵活些。因此，在别人给你建设性的批评或建议，让你把事做得更好时，要试着不要感性地攻击人家。

同样，如果你不能面对现实，那就不要问别人建议，免得到时各执一词，反而让你觉得自己被冒犯了。我们都有资格拥有自己的观点，别人不同意你时，不要太情绪化，不要总觉得你得为自己辩护，只需用镇定的心态提供事实就行了（现在我仍学着如此对我老爸）。

2. 求同存异

要想让别人总是喜欢你，与你一致，那你就习惯失望吧。必须得接受这个现实，因为你不能改变别人。那种以为我们能改变他人的观点是导致斗争关系的主要原因。在两个人的关系中，要是有人认为靠时间他/她就能改变另一个人，恕我直言，趁早放弃这个念头，那根本就不可能。

某种程度上，我们对改变别人多多少少都会有点内疚感。之前我跟一个很内向的人谈恋爱，总是希望他能做些改变，适应我的外向型偏好，结果当然没成功。我希望能奏效，是因为他是一个值得信任的、诚实的人，但我后来意识到我不能，也不该企图改变他。最终，我们的恋爱流产了。

所以如果你有：我总会让他喜欢上红酒和剧院的；她会爱上烹饪的；他会更敞开心扉，沟通更有效；当她意识到自己的潜力后会有更大的抱负……诸如此类的想法，你就等待巨大的失望吧。同样，也不要奢望别人喜欢你，要是之后意识到自己不讨人喜欢的话，那会感觉很受伤的。

最后，别指望别人能时时事事顺你的意。有时，你不得不求同存异，继续前行。如果你们能互相尊重，你可能会惊喜地发现对方因你坚守自己的信念而尊重你，或许会转而接受，并以你的方式看待问题。

我早就注意到和别人交谈时，如果双方都采取求同存异的方式，发展到最后，会发现起初有分歧的那部分在整个蓝图中并没那么重要。下次意识到自己企图告诉别人该想什么，怎么想时，记着这么问一句："你难道不同意吗？"若他们不同意，那也没关系。

3. 避免无意盲视

无意盲视、主观臆断、偏见都是影响你建立良好关系的消极因素。无意盲视是一种心理现象，不论什么东西，什么事件，如果我们不注意，就算近在眼前，我们也看不到它。

有的人可能在youtube上看到过认知测试的视频，视频里一半人着白装，一半人穿黑服，受测对象被要求数数白衣队传了几次球。而正当你数数时，一只跳舞的大猩猩或走太空步的狗熊就从两队人马中走过来

了。可我给人播放这个视频时，居然鲜有人看到大猩猩或狗熊。我再次播放后，他们就把动物看得一清二楚了，开始为之前没看到感到惊讶。

为什么？原因就在于他们专注于数球了，根本就没想着要去看猩猩或狗熊。为什么克服无意盲视很重要呢？这里我举两个例子来说明：其一，无意盲视险些让我在审讯中付出代价；其二，主观臆断简直让我愚不可及（在这个过程中我对自己超级抓狂！）。

第一个故事发生在审讯隔间。当时我在审讯一个拘留犯，尽管他并没公然对着干，但他也不友好。我们之间没有突破口，当然就更不存在良好关系了。我试着让他参与对话，有眼神接触，但他给出模棱两可、进一两个词语的回答时，总是看着地板，完全不睬我，我实在沮丧透了。

我知道自己不能强迫他跟我说话，或喜欢我。那时，我的口译员转身向我耳语道："你知道他在祷告吗？那是他不睬你的原因。"我不知道他正在祷告。我朝他望去，看见他轻轻扣着指尖，模仿默数念珠的动作。

天哪，多么明显的祈祷啊，而我居然出现了无意盲视，让自己只专注于如何跟他建立良好关系，获得眼神交流，却没看到他手头上正在做的事。所以我轻轻俯下身，把我的手放在他手上，礼貌地问他能否在我们谈话时停止祈祷，然后告诉他我在审讯结束时会给他单独在屋内祷告的时间。

我触碰他是有文化原因的。在他们的文化中，女性是不洁的，而只有洁净的人才能祷告，所以我一碰触他，他就不洁净了，不得不终止祷告。这样做可能会断送了我们的关系，但值得冒险一试。

他最初的确很生气，但我还是重新获得了他的信任，关键就在于我许诺他审讯结束后，可单独在屋内进行祷告。如果口译员没有告诉我他

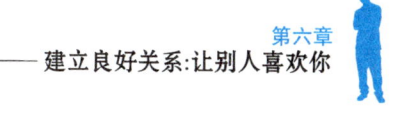

在祷告,我那无意盲视就会让这场审讯早早终结,劳而无获,而我也会因此备受挫折。

第二个故事与肢体语言有关。朋友的老公曾经是研究神经语言程序学的,知道我做什么后,有天他对我说:"我想跟你做个练习。我会说三件事。其中一个是谎话,你要告诉我谎话是什么。"我想不错,有意思。

他开始了,说:"我会说冰岛语,研究柔术,11岁还赢得了全国象棋锦标赛的大奖。"直觉立马告诉我,他在象棋这事儿上撒谎了,因为其他两项他陈述得都没这个详细,而且说这句时,他翘起了脚趾头,向我靠近,还耸了耸肩,足足四个破绽。

然而我却对他说:"你不会说冰岛语。"为什么我没相信自己的直觉?因为我认为他不可能会说冰岛语。瞧瞧主观臆断是如何影响人的想法!明知道他在象棋上撒谎,却还是让主观臆断主导了我的想法,导致判断失误。

当时我真是要抓狂了。一般我都不会主观臆断的,这是作为军审员必备的黄金法则。可是那天,唉,我居然成了主观臆断的牺牲品,真丢脸!

4. 给他人带来积极影响

我们想以积极的方式影响别人,想让他们喜欢、信任、尊重我们,觉得跟我们待在一起很惬意。怎么做到呢?下面有三条建议:

> *正能量*:要有积极乐观的态度。人们都喜欢跟正能量的人在一起,没人想围着负能量的人转。因为正能量是能传染和感染人的。

曾经有人告诉我，我的笑容很有感染力。这真是对我最好的恭维了，可不嘛，我都能把微笑传染给别人了。

★ 鼓励人：真诚用心鼓励别人敞开心扉，分享他们的感觉、思想、主意。最好的领导人都会让下属有如此之感：可以不担心任何可能的影响，只管畅所欲言。人们依赖他人以获得确认，相信权威人士。所以向着这个目标出发吧，让自己成为别人认同的权威人士，努力做一个深受尊重的领导。

★ 建立密切关系：不要急于建立关系或表达自己。在对话中回答太快表示你没听对方刚才在讲什么，而是在想自己一会儿要说什么。即使你听那人说话了，回答太快释放的信号也是你没听。同时还会给人一种感觉：你要给大家分享的比人家的重要。建立密切关系意味着要用互尊互敬的方式。

5. 别怕做"学生"

最后一条贴士要求暂时搁置自我，跟自负的人共事时很适合用这招。有两种诱导方法，可以成全自己扮演"学生"的角色。

第一，假装幼稚（我叫它装笨），对方会表现出不信的神情（即使是装的也没关系）。我审讯时就会装笨，装作我不知道拘留犯的某些事情，比如他们跟着谁干、在哪儿训练、知道谁在监狱，等等。我就是用这种方式获得信息的，很管用，尤其是针对那些自负的拘留犯，因为他们喜欢感觉自己比我聪明，比我知道得多，觉得我没线索，进而会帮忙教我。嘿嘿，我是个不错的学生呢！

第二，表现出不可思议的神情。如果你这么感叹——"我简直不敢相信你只用短短六个月就取得了这么高的销售额！"——人家就会愿意给你解释下自己多牛气，是如何做到的。

以上两种技巧都能让人飘飘然，让他们在临时舞台上发挥得淋漓尽致，得到被倾听被关注的满足。

现在你有10种建立融洽关系的技巧，还有5条提高人际交流技巧的贴士，你正在成为沟通专家的路上大踏步前进呢！下一章会谈建立良好关系的另一个层面，即性格偏好，以及如何改变你的性格偏好去适应别人的性格偏好，从而让自己获得真相。

第七章

性格偏好：如何改变自己的性格偏好来赢得别人的欢心

知道自己和他人的性格偏好会给你帮大忙的，与人互动、做生意、做交易、安排主持会议、谈判、传递信息、分配任务、筛选合适的员工、指导、训练，等等，都能受惠于对性格偏好的了解。

性格偏好：如何改变自己的性格偏好来赢得别人的欢心

你已经明白人们喜欢与自己相似的人，也了解自己能通过映射或匹配的技巧使自己看着、听着、行动都像别人了。现在看看你能否更进一步，使自己的性格偏好适应他人的性格偏好，从而深化自己的人际关系。

在你能估测别人的性格偏好前，你必须得知道自己的性格偏好是什么。你在线做个人格评估测试就知道自己的性格偏好了。我最初测的是迈尔斯-布里格斯性格分类法，研究则以荣格的人格特征理论做基础，这章将主要谈论这些。

不过除了这两种，任何合理的测试都有参考价值。这里推荐几个：

DISC人格评估工具[1]、工作人格索引[2]、凯尔西气质类型测试、伯乐门人才评估测试。不论你选哪个都能帮你评估你的性格偏好。

你甚至还可以研究面相，或面相学。这种全世界都知道的古老艺术我之前一直都不了解，直到有天我学生告诉我一个叫马克·福尔法的人。马克是个律师，最初因陪审团成员选定工作而对面相学产生了兴趣，经过多年研究和实践后，他写了一本面相指南书——《不可思议的面相》。

马克用我发给他的照片给我读了面相，后来我们在电话和邮件里都交谈甚欢。他的分析真是令人惊叹、精确无比啊，只靠面相就知道了我的一切。敬佩之余，我买了他的培训材料，希望有一天我可以亲自参加他的培训。

知道自己和他人的性格偏好会给你帮大忙的，与人互动、做生意、做交易、安排主持会议、谈判、传递信息、分配任务、筛选合适的员工、指导、训练，等等，都能受惠于对性格偏好的了解。它曾经帮了我大忙，一会儿我就跟大家分享。

你可曾听过缩略词MBTI？这是迈尔斯-布里格斯性格分类法[3]的缩写。凯瑟琳·布里格斯和其女儿伊莎贝拉·迈尔斯研究了瑞士精神科医生兼心理治疗师荣格的著作。荣格在《心理类型学》一书中总结了我们用以感受世界的四种主要心理功能：情感、直觉、感觉和思维，其中一种占据主要地位。

迈尔斯-布里格斯在荣格理论的基础上把心理差异分成了四个维度，

---

[1]译者注：作者原文为DiSK，有误拼，应为DISC。欲了解更多，请参看https://www.discprofile.com/，以及http://discpersonalitytesting.com/。

[2]译者注：网址：http://www.workpersonalityindex.com/。

[3]作者注：迈尔斯-布里格斯性格分类法，英文为Myers-Briggs Type Indicator。

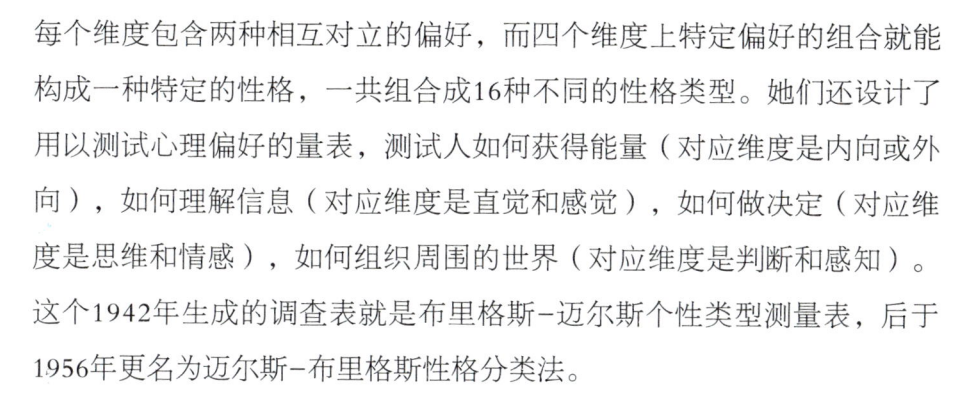

每个维度包含两种相互对立的偏好，而四个维度上特定偏好的组合就能构成一种特定的性格，一共组合成16种不同的性格类型。她们还设计了用以测试心理偏好的量表，测试人如何获得能量（对应维度是内向或外向），如何理解信息（对应维度是直觉和感觉），如何做决定（对应维度是思维和情感），如何组织周围的世界（对应维度是判断和感知）。这个1942年生成的调查表就是布里格斯-迈尔斯个性类型测量表，后于1956年更名为迈尔斯-布里格斯性格分类法。

这个测试不是用来鉴定人格特质的，也不是用来测试或决定个人性格、道德或价值观的。它关键是要我们明白人的性格偏好能改变，也会改变。所以MBTI测试的性格偏好也只是你受测那段时间里的性格偏好。

外在因素，诸如早上醒来时的心情、有没有刚好经历过给你创伤的事、是否对某事感到羞耻内疚、有没有生病，等等，都会改变你回答问题的方式，改变测试的分数结果，尽管不会引起剧烈变化，但还是会略有影响。

比如，多数情况下，我是领袖型的，这意味着更喜欢从周围人身上获得能量（外向），喜欢通过概念化和看图了解信息，进而才分析细节（直觉），决定是建立在分析和权衡利弊之上的，不是建立在如何影响他人之上的（思考），并习惯来组织周围的世界，以便能在截止日期前完成任务（判断）。

但或许有一天，尤其是在很沮丧的时候，我根本不想跟任何人有交集，就想一个人待着给自己充电（内向）；或者再有一天，我病了，厌倦规则、截止日期和不停看表，只想顺其自然，不要有日程安排（感知）。不过这些都不是我正常情况下的偏好。

在我感觉自己没能做出最好的决定，也没能正常发挥时做的MBTI测试，与我在主题演讲活动刚结束下台后做的测试，结果肯定不同。所以

做测试时要记住这些不同的变化。

我不打算再花篇幅详细深入分析MBTI的维度对立面了，但会介绍一下它的概况，让大家了解下，看看自己的性格偏好和其他人的性格偏好，从而帮你跟别人建立起联系，更好地与之交流，最后，建立共同点和关系。下面就借助我个人的经历，跟大家解释下一切是怎么变得有可能的。

2007年，我做了10周的审讯课程项目经理。那是十足的强化课程，可我服务的公司当时决定用最少的员工，几乎同时开设两个班，结果我们全都累得昏天暗地。

我的性格偏好是领袖型的，我就试着组织周围这个充满压力的世界，因而判断偏好真是开足了马力。我给员工和学生制定规则、时间线、截止期，并强制他们执行了下去。然而我做这个时，太专注于完成工作和如何给学生提供最好的培训了，结果没意识到我留给学生的印象居然是好胜、独断、苛求，甚至不真诚。

公司的员工之前就了解我，他们可能会忽略我的行为。但学生不一样，即使我关心学员培训的质量，他们依旧会认为我不关心。我的主观意图从未改变，在教授指导过程中要投入110%的精力，因为我对效果甚为关切，要让这些学生能为审讯恐怖分子做好准备，能够提取真相、拯救性命。

我并不是为交朋友来培训的，我以为自己的决心和努力工作会得到学生的认可。可惜，我错了，而且是在损失了一点自尊后，才渐渐接受了这个事实。

一天，我的学生丽萨下课后私下给我提了一个建议，尽管这个建议听上去有些难以接受，但现在想想我还挺感激她的。她说她理解我的做法，但我没融入到全部学生中去，看起来盛气凌人，不顾学生感受（我

第七章
性格偏好：如何改变自己的性格偏好来赢得别人的欢心

认为还有些高高在上，不过她没那么说）。

我自以为他们很感激我的付出和努力！但倘若我不能融入到全部学生中去并给予他们启发，那我当教员又有什么用呢？谈话结束时，丽萨说我给她带来了启发并向我表示感谢。

自那以后，我觉得自己已失去作为良师、教员、训练者的感觉了——那曾是我的最爱。我怎么就出错了呢？我老爸是一名教授，他对自己"硬击派"的教学方式一贯自豪不已。我也养成了同样的教学方式，这种方式是不错，但我需要改进表达方式。

那次谈话之后我又做了几年老师，每一次上课，脑海里都响着丽萨曾经对我说过的话。不过直到我忙着考取联合部队情报学校的高级教师资格证书时，我才深入地学习了迈尔斯-布里格斯性格类型指标和性格类型偏好，并把它用于更加实际的教学语境中。

为了获得证书，我必须创造一种新的方法来促进学习。我想把这种新方法与解读肢体语言和建立良好关系的技能相结合。一旦我意识到了学习类型的差异，就立即决定参照MBTI，把自己的性格偏好和学生的学习偏好相关联，然后再与其他教员的教学偏好进行比较。

在比较中，我找到了自己之前没能融入到丽萨那个班级的原因，也明白了别人眼中的自己和自己眼中的自己不一致的原因。那堂课结束后，因居无定所，四处奔波，我和丽萨已经失去联系好些年了，直到后来我们在脸书上再次取得联系。

之前我从没机会告诉她，她的话已经彻底改变了我作为良师、教员和训练者的生涯。在脸书上取得联系后，她告诉我说："我的一个女儿——莫丽娜就得名于你。"我既荣幸又深感责任重大。那天我从她身上学到了这些：我不能只由着自己的性格偏好行事，必要时要改变自己的交流方式。

下面，我将讨论MBTI的四组二元对立、我对性格偏好的理解，以及我如何改变性格偏好去适应他人的性格偏好，从而达到提高他人学习兴趣、建立良好关系的目的。

外向/内向

这组二元对立告诉我们的是如何获得能量。外向型的人会因周围的活动和其他人变得活跃，而内向型的人要在安静的环境中独处或与几个密友相处才能获得能量。

我是一个外向型的人，说话音量大、速度快，当我知道（或者我认为自己知道）学生要说什么的时候，有时我会因过于激动帮着说完他们要说的话，却没意识到这在内向的学生眼中是不尊重的表现。我本来是期待他们能跟上我的脚步的，但不仅没达到目的，反使他们变得心力交瘁、灰心沮丧，甚至到了沉默不语，将我拒之门外的地步。

我明白对内向型的学生，自己必须放慢语速，适当停顿，把信息拆成"一块一块"的，给他们时间处理信息，然后做出反应。同时我还要收敛能量和兴奋感，减少肢体动作，降低音量，举止轻柔些，那样才能让他们舒适地与我交流。简言之，我得和他们一样。

我开始将这些改变融入到我的行为中去，很快内向型学生与我相处时就变得舒服、轻松多了。他们不仅向我寻求建议和指导，更乐意接受我教给他们的东西，行为的转变真是令人吃惊啊，而我也不用花什么力气就能调整性格差异，适应自己的交流对象了。

直觉/感觉

这组二元对立涉及我们理解信息的方式。直觉型的人要完成一项任务时，会先视觉构想大图像式的结果，然后再识别具体的任务。感觉型的人则倾向于通过创造和理解具体的任务、规则和步骤来获取大图像式的结果。

例如，我喜欢写这本书，但当编辑给我一摞厚得像冰淇淋三明治一样的纸，上面印着我不得不使用的字体以及图片分辨率要求时，我郁闷透了。让我去构想制作？还是让他们设计版式吧！因为我属于直觉型信息处理者，如果把信息列好并规定完步骤再实施，我会沮丧死的。

然而，我的学生又不都像我一样属于直觉型，结果每当我用概念化的方式传递信息，比如布置家庭作业或练习的细节，从而无意中就挫伤了部分学生的积极性。我以为他们能够像我一样，先理解抽象概念，然后解析每条规则和每个步骤，可我错了。

感觉型的人更喜欢先给出规则和步骤，然后构想推理出结果。针对两种不同类型的学生，要有效布置家庭作业和练习的任务，我必须得改变自己传达信息的方式。

在我还未意识到这些之前，我不知不觉已失去了许多学生。唉，让他们自己去搞清楚自己的任务，对他们来说实在有欠公允。不过现在我明白换种方式传达信息就行了，这样感觉型的学生也能理解我布置的作业，满意我的传达方式了。

下面又是一个例子。临近学生放学收拾书包时我会布置作业，内容是以第三人称写一篇他们自己的个人简介，要求是500字、手写、双倍行距。

此时，直觉型的学生会听到"写一篇关于自己的文章"，然后开始想他们能发挥些什么：最刺激的经历，如何用超级有趣的开场白抓住读者……但2分钟后，他们会举手问："西斯科女士，再问下字数要多少啊？能打印出来吗？"

哈哈，他们跟我一样，完全没注意到作业的细节和要求，但对整个概念却了然于心，可能已经知道要写什么了。而感觉型的学生则忙着记下作业要求，至于要写什么那是大脑最后才考虑的东西。他们能准确告诉你作业的格式、要求，完了，对写什么却完全没主意。当然，最后他们还是会根据要求在过程中弄明白的。

为了避免直觉型学生干扰感觉型学生（直觉型学生总要举手请我重复细节要求，结果耽误了大家的时间），让他们都用适合自己的方式消化信息，我决定把作业打印在一张纸上，发给大家。这么一来，直觉型学生能一边概念化，一边读细则要求，而感觉型学生则能很快消化细节，然后想想他们该写什么内容。

所以为了能让每个学生都明白，我得细分传达信息的方式：口头、书面、视频、讲座……你不妨跟家人、朋友或学生（如果你是老师的话）做个练习：当你说"树"的时候，让他们写下脑海中浮现的词语。

直觉型的人会写一堆类似这样的词语：秋天、万圣节、扫把、厨房、火鸡、足球。哈哈，树和足球之间有什么联系呢？当然有，因为我听到树时就联想到了这些词语。感觉型的人会写下诸如此类的词语：树枝、叶子、树干、树根、苔藓、地球。看到不同了吧？感觉型的人以树本身做联想，直觉型的则写出看似完全无关的单词。

现在，你可以分别找一个自己知道的直觉型的人和感觉型的人，让他们都做一做这个任务，展示一下大脑工作、处理信息的不同，你会觉得很惊讶也很有趣。

思考/情感

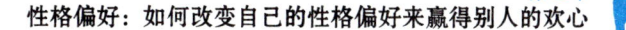

我们偏向如何做决定就体现在这一维度的二元对立中。之前，我谈到学生丽萨说大家认为我冷漠、不关心他们，那是因为我更喜欢基于事实和最佳结果的分析做决定，而不是考虑别人的感受做决定。正因如此，有时我可能无意中就伤了别人的感情。

如我在做审讯课程的项目经理时就是这样，当时我必须得根据公司设定的考核标准做出让某些学生退出课程的决定。有一个学生就被淘汰了，虽然她很聪明，记性又好，能通过我们给的笔试题，但在应用审讯技巧时总是达不到考核标准，结果我只能让她退出课程。

她的指挥官很沮丧并告诉我，因为退学她无法待在这个部门了，需要根据培训要求，被分到其他地方。他们要我重新考虑一下，毕竟她的笔试成绩很不错。我的回答是不能让她毕业，也不能给她国防部认证审讯员的证书，因为她无法在培训的模拟环境中胜任工作，就更别说实战应用了，到时她会让自己和其他人陷入危险的。

在这件事上我无法让步，即使我很喜欢她，也很想她能成功，还考虑了其他教员的建议，但最后我还是选择了坚持自己的决定。有的人会觉得我太严厉了，不过我并不后悔，放在今天，我依然会做同样的决定。

如果你偏好思考，那么最后做的决定可能会让其他人沮丧。所以通知那些会受你决定影响的人时，一定要运用建立良好关系的技巧，让自己看着不那么冷漠无情。

判断/感知

最后一组是判断/感知，这一组会影响我们组织周围世界的方式。我属于判断型的人，喜欢按时完成计划、结束任务。不管是谈话还是做项目，我都不喜欢总是拖拖拉拉地做不完，即使在科技时代，既有智能手机又有平板电脑的情况下，我还是会用即时贴列清单、付账清单、必做事清单、购物清单……

我也很努力地想用平板电脑做管理器，但终告失败，最后还是重新让皮边笔记本和即时贴承担了这项任务（恐怕这也是我更喜欢读纸质书，而不是下载电子版的原因吧）。因为对按时完成很在意，有时难免忽略一个事实：可以用更好的方式完成。

我已然在脑海中形成计划，所以当别人有改动的想法时，我有时会很抗拒，就是不想改变既定计划。这种特性对团队工作而言并无益处，所以这也是我每天有意要改掉的习惯。几年前做导师的失败也跟这个特性有关，还好，我现在明白了，并能做出调整，让自己的判断偏好向感知偏好靠近，从而提高人际沟通技巧。

与判断型相反，感知型的人直到最后一分钟才能做出决定，他们的观点是开放的，对变化和他人的主意都是敞开的，比起判断型的家伙来，他们实在要灵活许多。

规则、时间线、截止日期会让感知型的人很受挫，他们根本就不喜欢被限制的感觉。但这会出现问题，即感知型的人做决定太拖沓，开始工作前耗时太多，最后往往不能按时完成。

第七章 性格偏好：如何改变自己的性格偏好来赢得别人的欢心

希望现在你已经对这四个维度的矛盾偏好有了基本的了解，知道与周围的人（不管是私交还是职场同事）交谈时怎么将这些派上用场了。

在用性格评估工具时，总有不少人持怀疑态度，但我想跟你分享的是我是怎么用它的，以及它对我提高交流技巧的帮助。我获得高级讲师认证后，就有机会在军事训练过程中使用性格评估了。用它来做加强沟通的工具真心不错，它促使我后来成了一名更好的指导老师。一旦我对其他类似工具在行了，我也会一并拿来使用的。

目前你有10种建立融洽关系的技巧、5个沟通贴士，还理解了如何利用性格偏好去加强你的人际沟通技巧，形成有力、互尊互重的关系。接下来就让我们处理一个问题：准确地解读肢体语言和辨别欺骗。

第八章

B —— 基线：
动用你所有的感觉

我们需要在别人讲话时，将所有感官——尤其是眼睛和耳朵调动起来。我们要集中注意力，获得他人泄露的微妙线索和露出的马脚，然后比较口头语言和身体的非语言信息，请记住：在整个过程中，精确地把握时间十分重要！

这章我还会和大家分享我测谎的三条黄金法则：基线，破绽群，情境。

1997年我加入美国海军预备队，当我成为一等兵时，我并不知道这将会对我的人生产生重大的影响。它带领我踏上了一段美妙的旅程，成就了如今的我，也是我写下这本书的部分原因。

这些年来，我先是做了情报分析员，后来又担任了情报官员，与不同的机构打交道。期间，我在罗得岛的家人和朋友并不清楚我究竟在做什么。他们知道我是一名海军预备役军人，从事情报工作，除此之外，对我怎样工作，接受什么培训，他们一无所知，也从未问过。

我来自一个大家庭，有幸跟我的堂亲们一起长大，他们是我最好的朋友。我们一起玩耍，一起出门，甚至一起乘游轮，彼此亲密无间，所以突然要秘密地离开他们时，我真的好难受。但是我必须离开，去体验这个世界，去探索加利福尼亚和它的种种变迁。

不久后，军方又为我做了其他安排。2001年夏天，我回到了东边弗吉尼亚州的亚历山大市，为海军情报局工作，并为调动做准备。这样我离罗得岛就近了，路程减短，费用也降低了，回家相对容易了些。

一次回家过圣诞节的时候，我的堂亲达伦组织了一场扑克大战。他在地下室有一间合法赌室，配备了一张漂亮的牌桌和完整的老虎机。哈哈，他的确是把这场扑克游戏当成一件正经事了！

我的兄弟们邀请我过去跟堂兄弟们一起玩扑克，想让我用"读心术"（你们都知道，我并不会）来打败达伦，大家可都输他输怕了！他们对我的技能"想入非非"让我觉得好笑，但我还是准备按照他们的计划行事。

我一到，达伦就警告我："丽娜，我们玩儿钱哟，我可是独孤求败呀！"我笑了笑，要了一张备忘卡，因为我经常把手牌和大小牌搞混。"你不是在开玩笑吧？"达伦咧嘴大笑，他意识到我太容易被打败了。他即将赢走我的钱，把我挤出局——或者他就是这么想吧！

我当时是真的不知道怎么玩，所以游戏开始时，我就准备好备忘卡，并把它放在旁边。达伦的确是玩牌的好手，几乎每把都赢。此时，我则仔细观察他，观察他初始看牌、好牌获胜以及虚张声势获胜时的眼神、面部表情和姿势。

当晚，开始玩的时候，我们有八个人，两个小时后，就只剩达伦和我了，大家都惊讶我竟然还没出局，而且我还在用备忘卡。我必须承认，我是故意给大家塑造出一个很纯很天真、初次玩牌、不具任何威胁的傻姑娘形象的。这样，大家的注意力就不会在我身上，也不会研究我的反应。

我发现，达伦有一手好牌时，会轻皱眉毛，除此外，没有其他身体

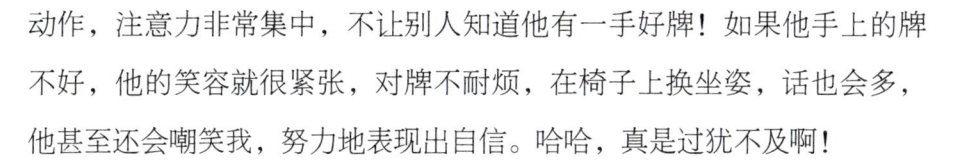

动作，注意力非常集中，不让别人知道他有一手好牌！如果他手上的牌不好，他的笑容就很紧张，对牌不耐烦，在椅子上换坐姿，话也会多，他甚至还会嘲笑我，努力地表现出自信。哈哈，真是过犹不及啊！

就剩我们两个了，也到了我们摊牌的时候。达伦的脸上写满了轻视，说道："丽娜，你牌打得不错，但不幸的是，你今晚可带不走这堆钱。"（在下一章中，我会讲更多有关轻视的话题）我注意到在讲这句话的时候，达伦无法直视我，他的眼睛飞快地扫了一眼屋子，开始洗牌。我知道他是在虚张声势。

"好好看看我的牌，哭吧！"他一边摊牌一边说，牌桌上出现的便是一对K，一个Q。我看了看，叹了口气，慢慢地放下牌，一字一句地说道："哎哟，的确是好牌，但是，达伦，我的牌更好呢！"我的牌是一对K，一个A。大家都震惊了，开始欢呼雀跃，达伦也惊讶得哑口无言。"我想这两百美元该我拿走了，对吗？"我把赢来的钱一半给了我弟弟，因为他输了，我有点替他难过。

他们依然叫我读心者，但你们知道，我并不是，你们将来也不可能是。我们不能永远保持100%的准确率，也不能在每一局扑克游戏中获胜。

在识别欺骗中是存在误差范围的，对于那些有多年解读肢体语言、解读行为一致性以及听音识别语言诈骗经验的人来说，这个误差范围会小一些。要真正将误差范围降低，我们需要在别人讲话时，将所有感官——尤其是眼睛和耳朵调动起来。在听别人讲话时，我们要把语言内容和方式（如音调、语气、措辞等）以及身体动作与语言意向是否一致等结合起来。

在本书开篇时，我就告诉大家，以前识别欺骗很难，现在依旧如

此。我们要集中注意力，获得他人泄露的微妙线索和露出的马脚，然后比较口头语言和身体的非语言信息，请记住：在整个过程中，精确地把握时间十分重要！

三条黄金法则

要做一名合格的测谎师，关键要知道如何在判断出破绽前，先用基线分析别人的肢体语言。我测谎有三条黄金法则：

（1）划出某人正常行为的基线（他们的正常行为、举止、移动、手势、交谈、声音和说话等方面）；（2）辨别破绽群（语言和非语言的），单一马脚不足以证明某人说谎；（3）了解传达信息的情景（即信息传达人是否受到压力、胁迫，是否受伤，是否身体不适，是否在服用药物，等等，这些因素都会影响他们的肢体语言）。

1. 基线

如何划出基线呢？首先，在观察对象对你及周遭环境感到舒适，觉得放松和平静的情况下，与之进行15分钟的谈话，可以随意地谈论与主题无关的话题，不要对他们进行问题轰炸，也不要让他们主导谈话。让他们觉得放松，你才能观察到他们的正常举止。然后，再仔细观察以下几点：

★ 站姿和造型：在站立的情况下，他们是耷拉着肩还是站得笔

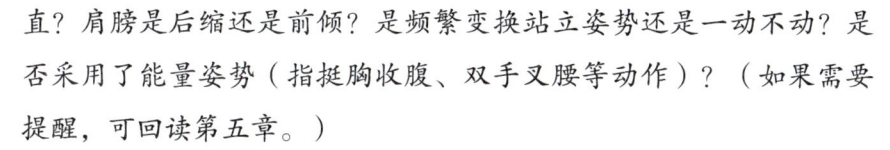

直？肩膀是后缩还是前倾？是频繁变换站立姿势还是一动不动？是否采用了能量姿势（指挺胸收腹、双手叉腰等动作）？（如果需要提醒，可回读第五章。）

★ 双脚：谈话时，他们的脚尖有没有朝向你？脚尖是轻轻点地还是静止不动？在站立或坐下时，双脚脚踝是否交叉？在他们讲话时，他们是脚尖着地还是脚跟站得稳稳的？

★ 双手：在他们谈话时，手是否也跟着一起运动？双手有没有紧握？把手藏在口袋里没？是否用手摸自己的脸或摸你？还是把手自在地放在大腿上？是否以掌心对你？抑或是自己抠着手上的角质层？

★ 眼睛：他们是跟人对视还是双眼乱瞄？眨眼、瞪眼、翻白眼，还是扬眉？当他们回想时眼光会落在哪里？（更多关于神经语言学的内容参见第九章。）

★ 嘴巴：他们是会习惯性地微笑还是抿嘴？是会咬唇、噘嘴，还是会舔唇？

★ 声音：他们是高音调还是低音调？声音是响亮、柔和还是低沉？

★ 讲话：他们会使用哪一类词？委婉的（详见第十章）、视觉的、动觉的、描述性的、消极的还是积极的？他们的语速是快是慢？

在你掌握了对方的肢体动作及说话规律后，就可以开始提相关问题了，这时要注意观察对方的正常举止是否有变化（我会在第十章教你提问技巧）。为了让你明白这到底是怎么回事，我打算分享我的基线——可别用来对付我哦！

我有二分之一意大利血统，家在罗得岛，性格开朗外向，说话音量

大，语速快，讲话时习惯比划手。事实上，我讲话时必须得动点什么，要么点脚，要么做手势，甚至用手卷头发。我还很容易"眉飞色舞"，当我们交谈时，我极有可能会频繁地拍拍你的上臂（如果我喜欢你的话）。

不过，假如我突然变得沉默，不再与人交流，或者拒绝与人目光接触，你就会知道肯定哪里不对了，因为我的正常举止发生了变化。这时，你就要想到底哪里不对劲？是因为我不喜欢你刚才的话题还是我回答时说了谎？

练习：确定自己的基线

站在镜子前讲一些事实，再撒一个谎；接着说一些让你悲伤的事情，再说一些让你开心的事情。说话的同时，观察你的面部表情，它们是否泄露了你的情绪？你的嘴巴是怎么动的？眼睛和眉毛又是怎么动的？

如果你觉得这个练习太有趣，没法忍住不笑，还可找个朋友来帮你，告诉他（她）需要观察的地方。仔细想想你在舒适和有压力的状态下分别是如何反应的。

2. 破绽群

我说过，单一的马脚不足以进行判断。你需要更多的证据，至少要三四种来帮助你判断对方是否说了谎，然后你必须借助获得的真相来印证谎言。在第九章和第十章，我会教你识别许多非语言和语言的欺诈表现。一旦你掌握了这些技巧，就能够找到破绽群了。

作为美国国防部一个"诱导与反诱导"项目的训练人员，在培训中我需要扮演各类角色。某次训练中，我被要求接近一名学员并获取信息；我的目标是收集对方的基本信息，如姓名、地址、职业、受雇情况等。

我接近他，友好地和他搭话，之后我伸出手说："顺便说一声，我叫丽娜。"意料之中，他握住我的手："我叫（他停顿了一下）约翰。"同时他的眼睛不再看我，转而向下看。

谈话中我曾告诉他："我敢确定你不是本地人。"（我不想直接问他从哪儿来，因为可能会让他起疑，所以我使用了诱导的技巧）他再次移开了视线，看向他的杯子，慢慢地吞了一口，然后又喝了一小口，呼气，之后目光转向我："我从亚利桑那州来的。"

"真的？"我表示出了怀疑。

他看起来很惊讶，随后变得戒备："是啊，你不信吗？"

"哦，你刚才的语气听起来不太确定。"

"没有，我就是来自亚利桑那州。"

当然，他不是，作为一名肢体语言专家我知道他说了谎。判断依据就是他表现出来的破绽群：（1）中断了目光接触；（2）吞咽动作变慢（说明他的嘴巴因压力变干）；（3）他叹气（冷静下来的反应）；（4）他回答时有音调变化。

这四种表现足以说明他在说谎。之后我发现他其实是宾夕法尼亚人，名字也不叫约翰。一般谁会在被问到名字时停顿一下再回答呢？

3. 情境

规则三，在判断对方是否说谎时还必须考虑当时的情境。例如，慌乱、震惊、厌恶、压力、悲痛以及陶醉等情绪都会在语言和非语言方面，极大地影响人们交流的方式。

你可能仅通过某些带有欺骗表征的非语言"破绽"，就错误地认定对方撒了谎，而这种"破绽"不过是受惊害怕的结果。情境同样会影响语言破绽。刚接受口腔治疗、严重的颞下颌关节紊乱（下巴痛）、喉咙痛、前夜曾在音乐会上嘶喊、老烟枪、正在服用抗抑郁药物或肌肉放松药物，所有这些因素都会改变说话人的语速、用词、音量、语气和语调。

一批从阿富汗巴格拉姆被押解往古巴关塔那摩湾的囚犯就出现了这样的情况。这批囚犯多为阿富汗人，都是基地组织或塔利班人员，此前都没有坐过飞机。结果因为恐惧，多人出现了晕机症状。

到达古巴后，这批人紧接着被转上了渡轮，又转汽车，最后被送进了监狱；随后他们接受了卫生检查、洗浴、领取了狱服。相关事项完成后，他们进入不同隔间接受了二三十分钟的审问。我是最初的军审员之一。

我们想在最短的时间内判断出谁有情报价值以及谁最有可能告诉我们这些情报，这意味着我们要在过程中判断出讯问计划、技巧、诱导方式对谁最有效。

结果，我发现通过30分钟的讯问很难判断他们是否说了谎，原因在于这批人经历了难受的押解后，都表现出了不同程度的有压力、受惊及

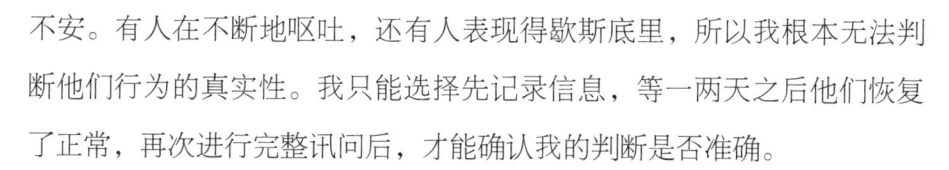

不安。有人在不断地呕吐，还有人表现得歇斯底里，所以我根本无法判断他们行为的真实性。我只能选择先记录信息，等一两天之后他们恢复了正常，再次进行完整讯问后，才能确认我的判断是否准确。

现在你已经了解了我判断欺骗的三项规则：基线，寻找破绽群，以及注意你寻找"破绽"时的情境。在下一章，我会探讨如何区分基线以及如何利用它们帮你判断欺骗行为。

第九章
L —— 寻找偏离：行为的不一致性

在本章中，我将从脸部微表情的情绪泄密、头部动作、撒谎的眼睛、嘴巴动作、手部动作，以及其他表示不确定的七大迹象，来展示如何观察人们的举止以及人们撒谎时会出现哪些暗示。从现在起，在你觉得别人对你撒谎时，你就可以试着找出他们露出的马脚。

在本章中，我将展示观察肢体语言（造型、手势和面部表情）的方式的大体框架，即展示如何观察人们的举止以及人们撒谎时有哪些暗示。在解读肢体语言时，要观察全身，所以要确保你在观察过程中，可以从头到脚地看到观察对象的整个身体。

我在国防部做人员培训的时候，给学生创造了一种叫作"即兴表演"的训练。当他们训练时，我偶尔会在他们不知道我是谁的情况下，坐在教室后面观察他们。

在这项训练中，每名学生都被要求站在教室前，为一个随机的、矛盾的，甚至是令人尴尬的言论做辩护，无论该名学生对该条言论的真实意见如何，他必须在不到两分钟的时间里，尽力让班上的同学同意自己的观点。

比如说，一个学生可能不得不替"军队招募不应要女兵"这一言论辩护，而另一名学生则可能必须支持"婚内出轨没有关系"这一言论。站在教室前面已经够让人紧张的啦，还要强迫他们去为一条让自己感到不舒服，甚至自己完全不赞同的言论去做辩护，增加的压力就可想而知了！

届时，我会观察他们肢体语言中表现出的巨大压力，确保自己可以看到他们从头到脚的整个身体，并将观察到的每名学生露出的破绽记录下来。训练一旦结束，指导员就会告诉他们："刚刚在你们进行训练的时候，一位肢体语言专家就坐在我们的教室后面，观察你们露出的破绽。下面就让我为大家介绍一下这位专家，她将向你们传授行为不一致性方面的知识。"

在那一刻，我看到因为紧张、焦虑和谎言露出的形形色色的破绽，包括快速地眨眼睛、用力吞咽、踱步、整理仪容、内容丰富的眼部运动、拇指用力、双脚朝向门口而身体面向同学们、藏手以及面部变化的微表情等。

这个训练有两个目的：第一，我想告诉他们，他们露出了哪些破绽，而这与他们在以后的职业生涯中受到的期待是相悖的；第二，我想告诉他们在观察别人的时候应该看些什么，也让他们知道露出这些破绽可能是因为焦虑，可能是因为欺骗，也可能是二者兼有。

身体可以通过脸（脸部表情）、头、眼睛、嘴巴、双手、不确定迹象和鼻子（我将其称为匹诺曹现象）泄露谎言。从现在起，在你觉得别人对你撒谎时，找出他们露出的马脚。

记住我的三条黄金法则：第一，划基线；第二，找破绽群；第三，了解破绽出现的情境。

在我判断谎言前，我习惯找到至少含有三个破绽的破绽群，或是一

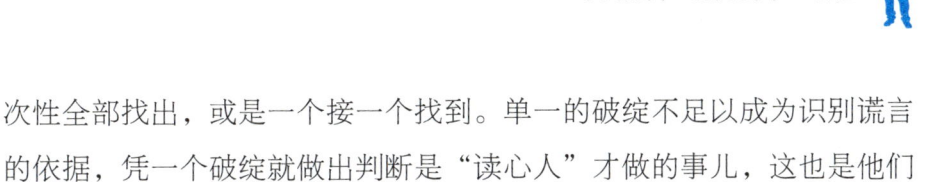

次性全部找出，或是一个接一个找到。单一的破绽不足以成为识别谎言的依据，凭一个破绽就做出判断是"读心人"才做的事儿，这也是他们经常做出错误判断的原因。

脸：情绪与泄密

人类情绪是普遍统一的，无论来自哪个大陆，哪个国家，生活于哪一种文化圈，人们表现情绪的面部表情都相同。

保罗·艾克曼博士，美国心理学家、人类测谎师、《别对我说谎》的科学顾问，是人类情绪以及情绪的面部表达方式研究的创始人。他曾在巴布亚新几内亚做过研究，证明了全球所有人类表现情绪的方式都是相同的。

保罗·艾克曼博士想要证明情绪是人与生俱来的，而非文化环境决定的。在他早期的研究中，他提出了六种基本情绪：快乐、悲伤、惊讶、愤怒、恐惧和厌恶，之后，他又增加了第七种——轻蔑。事实上，情绪还包括担忧、罪恶、羞耻、尴尬、嫉妒、爱、解脱及好奇等次级情绪。

为什么要知道人类各种情绪表现出的特征呢？因为在学习测谎的时候，需要有辨别真实情绪和虚假情绪的能力，需要知道人们努力想隐藏的情绪是什么，而他们想要展现的虚假情绪又是什么。正如俗语所云：不知欲知者为何物，如何知之？

在体验一种或多种情绪时，人类面部的肌肉会做出相应反应，将其表现出来。在相应的面部表情出现的几秒内，真实的情绪也会在脸上停

留。这些面部表情被称为微表情，它们代表的是真实和真诚。

当人们故意或无意压抑其真实情绪时，他们的微表情仍然会泄露出这些情绪。微表情一词最早由艾克曼博士提出，它在脸上出现的时间只有几分之一秒，很难被发现。如果不注意的话，你永远也发现不了。这就是在测谎时，要保持高度警觉非常关键的原因。

测谎中有许多"灵活的成分"，既可以说它是艺术，又可以说它是科学：观察、解读破绽群所需的专业和技巧是艺术；而解读人们撒谎时的生物和生理反应则是科学。对于测谎来说，观察微表情是种极好的方式，但是请记住：单个表情是不够的，多个表情才能成为证明某人撒谎的充分证据。

以下是我之前列出的七种基本情绪（配有相应图片）的物理特征。了解它们的样子（或者说它们应该呈现的样子），以便你在他人脸上能辨识它们。一旦了解了情绪在脸上表现出的特征，你就可以轻松地辨别出它们。多多研究人们的脸吧，熟能生巧呀！

★愤怒——皱眉，眉毛下撇且并拢；双眼一动不动，近乎瞪眼，嘴唇紧闭噘起。

★恐惧——当人们感到害怕时，眉毛会上扬，有时还会紧锁；眼睛睁大，下眼睑收紧，似乎要向上移动；下巴收紧，上下嘴唇分开并向后拉开。在撒谎被发现时，人们可能通过微表情表现出恐惧。

★厌恶——当人们觉得不喜欢或厌恶时，他们的鼻子会像闻到臭鼬一样皱起，眉毛也会拧在一起，所以可以看到前额产生的皱纹，以及嘴角向下的样子。

女士们，如果你问你的丈夫、男朋友或其他重要亲友你新剪的不对称发型是否好看时，他们皱着鼻子说："嗯，很可爱！"那么

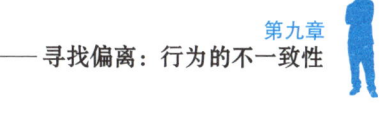

很可能他就是在撒谎!

★惊讶——惊讶的面部表情跟恐惧相似,但如果仔细观察的话,你会发现它们之间有巨大的不同。人惊讶时会扬眉,但不会皱眉;眼睛会像恐惧时一样睁大,但却更圆,因为眼睑是分开的;有时候,甚至还可以看到瞳孔也在发生变化。嘴巴张开,下颌向下打开,所有人类惊讶时,都是这么表现的。

我们举个"惊讶"的例子分析一下,假如你很肯定妻子有了外遇,而且你知道是谁,然后你问她:"桑德拉,你最近有没有见过汤姆?"如果她感到惊讶,你就最好坐下来跟她真诚地谈谈。她可能是惊讶你竟然认为她有了外遇,也可能是惊讶你竟然发现了她有外遇!

★快乐——真正快乐时,真诚的笑容会直达眼底。所以在别人真诚地微笑时,是可以看到他眼睛周围的一些线条和皱纹的(类似鹰爪的皱纹)。

你可以经常看到模特和电影明星们露着珍珠般闪耀洁白的牙齿假笑,以避免产生鹰爪皱纹。我承认其实我也做过这种事儿。

人们的微笑可能是为开心,可能是觉得尴尬,也可能是为觉得撒完谎还能逃之夭夭感到庆幸。有的人在撒谎时会不可控制地发笑,并体现在微表情中。

被起诉的谋杀犯,朱迪·阿瑞亚丝和内尔·安特威索尔,在法庭上"哭泣"的样子曾在电视上播出,但奇怪的是,他们并没有流泪,也没有真正感到悲伤。如果你仔细观察,在双手掩面、假装哭泣的背后,他们的嘴角是上扬的,有一点淡淡的微笑。

显然,我这是夸大其词了,但他们如果真的感到悲伤的话,嘴角应该是向下的,而绝非上扬。他们只是无法控制真实情绪——也就是快乐的流露,这就是所谓的"欺骗快感"了(保罗·艾克曼发

明的另外一个术语），它指的是人们在隐瞒真相或逃脱惩罚（或他们以为是这样）时面部闪过的微笑。

★悲伤——真正的悲伤表现在嘴巴、眼睛、眉毛，甚至下巴上。当人们感到悲伤时，他们两侧的嘴角总是下拉的，总是！眉毛内侧也会拧起，并拢。有时候下巴会微凹，在泫然欲泣的时候，这一点尤其明显。

如果你已为人父母，那么下次孩子要哭的时候，你就观察他们，留意他们的表现；在他们假哭的时候，对比看看哪些表现是之前没有出现的。

★轻蔑——当我让人给轻蔑下定义时，大部分人都说不清楚。轻蔑就是在道德或其他方面感受到的一种优越感，即"我比你厉害"的感觉。人们流露出轻蔑这种情绪时，意味着他们感到自己从某种层面上来讲比别人更胜一筹。它经常出现在似笑非笑这种表情中，嘴角的一端上扬，而另一端则没有。当我们遭遇轻蔑的时候，我们应当思考：为什么他会有这种优越感呢？

愤怒　　　　　　　　　　恐惧

第九章
L——寻找偏离：行为的不一致性

厌恶

惊讶

快乐

悲伤

轻蔑

多数人泄露情绪时，自己是并不知情的。当我发现微表情，或者说面部泄密时，我会告诉当事人，但是他们通常都不相信。

一次记忆犹新的面部泄密发生在我之前提到过的一次即兴表演训练中。一名女性在教室中对大家讲述她多么憎恨自己的母亲，自己又是如何糟糕的一个人。当她来回踱步，低头讲话，几乎不与听众做任何眼神交流时，我仔细地观察了她的肢体语言。

在她抬起头，继续卖力地说服大家，她的母亲在她的人生中带来的是消极影响的前一秒钟，我看到她的嘴角是向下的。我告诉她："你爱你的母亲！"（要知道我之前并不清楚，是不是她的母亲或者一个像母亲一样的人伴随着她成长的，我对她的家庭情况毫不了解）她看着我，几乎泪如泉涌："是的！我讨厌说这些坏话！"

我告诉她，有一瞬间，她泄露了自己的真实情感——悲伤，而我发现了。她并不知道是她自己泄露了真实情绪。有时候，我们的情绪来势汹汹，无论我们如何努力，都没办法隐藏它们。

以下为识别面部微表情的四个案例。在第一个案例中，面部微表情有助于发现以及最终解决中士身上存在的问题；在第二个案例中，它促成一名武器教练用食物换取一份合同；在案例三中，它帮助审讯官让恐怖分子伏罪；在最后一个案例中，它证明了任何人都有微表情这一事实。

请注意，为保护隐私，所有姓名和标志性信息（包括头衔和工作）都已被更改。

案例一：微表情与反情报

美国海军陆战队某单位的一名少校邀请一名年轻的中士到他的办公室，问其在单位工作的感受。少校担心中士并不高兴在本单位工作。以下为他们之间的对话：

少校：你觉得在这儿工作怎么样？

中士：长官，我很喜欢这儿的工作！(及更多表达喜欢在这儿工作的话。)

少校：中士，你知道我的背景吗？

中士：长官，我知道您是反情报专家。

少校：对！这就意味着我受过解读他人的训练。我问你觉得这儿的工作怎么样时，你回答我的前一秒，脸上闪现的是厌恶的微表情。

（中士静静地坐着，盯着少校看。）

少校：所以，我再问你一遍，你觉得在这儿工作怎么样？

中士：（稍微迟疑了一下，叹了口气）长官，我讨厌这儿的工作！

案例二：微表情与饥饿之痛

尼克是武器制造公司的合伙人，也是该公司的先进武器与战术指导员，他是我之前的一个海军陆战队学员，最近通过脸书联系上我，感谢我多年前给他上的关于肢体语言的课程，还想跟我分享一个关于我对他的训练如何帮助他为公司获得一份大额合同的故事：

在最近一次商务会议中，我发现我的团队面临的是一位潜力股新客户，但这位客户无法集中注意力，他的注意力集中周期太短了。当我按照往常的套路想要跟客户建立起良好关系时，我发现这条路走不通，自己就像在演独角戏一样，电视里演得可比我好

多了！

　　在做报告时，我意识到自己就要失去这名客户了，而我必须得抓住会议搞砸前的短暂时间，跟他建立起良好关系。我开始仔细观察他，想弄清到底什么地方出了问题。是我讲话太无聊了？他不喜欢我做的幻灯片？还是我有口臭？当我下意识地观察他的时候，我发现一切都变得明朗了。

　　一开始，客户是坐在我的对面的，之后，他把椅子转了转，整个身体朝向了最近的出口，而脖子则转向另一边。他的头左右摇晃，即使嘴上在说着赞同的话，那神情也像在表达否定一样。

　　他的手在桌子上动来动去，手指像在表演两个人一前一后滑冰一样——直到他拿到笔，才换了姿势。在拿到笔的那一刻，他就像人类第一次发现火时那般出神着迷，这情况对于要搞定客户的我可不妙！

　　幸好那天开会我迟到了，所以午餐没吃完，在我思考如何跟这个家伙建立良好关系，让他不会走出会场时，我拿起我吃了一半的三明治，把它扔到了垃圾桶里。就这么一个简单的动作，我的所有问题都得到了解答。

　　当客户看到我的食物，而且看见我要把它丢进垃圾桶时，他的眼睛睁得像餐盘那么大。客户并非感到无聊，也不是认定我不适合带领他的项目，他只是饿了！

　　我立马问他是否愿意在街对面的咖啡馆里边喝咖啡边聊，表示赞同的话还没脱口，他就已经抓起了包，要冲出门去。在吃到东西的五分钟内，这项交易就谈成了，他是一个让人感到愉快的人，现在更好亲近了。

　　毫无疑问，如果我没能读懂他表露出的这些微妙信息，一旦他走出那个房间，我就再也没有跟他说话的机会了！

案例三：微表情与恐怖分子伏罪

2002年9月，我在古巴的第1100个小时。我和当天被派来协助我的普什图语言学家一起走进了开着空调的审讯间。在等待被拘留的阿富汗人的时候，流出的汗都开始凝固了。

这名囚犯穿着普通的橙色囚服，并戴着手铐、脚链被送了进来。他的举止令人愉悦，也很愿意与我们交谈。随着审讯过程的进行，我注意到，每次我说"基地组织"的时候，他都会捂住嘴巴来掩饰笑容。我们已经有确切的情报，他是基地组织的成员，我只是想再从他这里获得确认。

在他一次又一次意图掩饰笑容（欺骗快感）时，我终于插话了："你知道我每次说到基地组织的时候，你都在笑吗？"他又开始笑了，并用手去捂嘴说："没有，没有。"我告诉他："人撒谎时，有时会微笑或者大笑，他们或许是因为撒谎被抓了现行觉得尴尬，也可能是他们为撒谎之后还能逃之夭夭而沾沾自喜。那么你是属于哪一种呢？"他最后承认了他是基地组织的成员，但是坚持说他没干过什么坏事儿。

案例四：微表情与囚犯的关切

在国防部，我经历了人生第一次恐慌的发作。故事发生在一场无聊的审讯中。在听着被审讯人说话的时候，我的心突然像要蹦出来一样，跳得又快又重，我几乎无法呼吸。

尽管我努力假装什么事儿都没发生过，但是我的脸上肯定已经露出了惊讶的表情，因为这名囚犯说了些什么后，我的口译员就侧身告诉我："他想知道，您还好吧？"当心脏又恢复了正常的跳动时，我回答道："希望如此！我的心真的跳得好快！""希望您没有什么大碍！"他又说道。他竟然看到了我脸上的表情，这就够让我惊讶了，更别提他还替我担忧了！

现在你们应该已经知道了吧，会解读面部表情，尤其能在短暂的瞬间发现他人的真实情绪，就能改变棘手问题的结果！

头部动作

最容易辨别出行为是否一致的方式就是观察头部的动作，在他人说是或否时，这一方法尤其有效。

典型的情境是这样的：如果表现诚实，那么她说的话跟她的肢体语言表现的信息就是一致的；如果她嘴上说着是，但头却左右摇晃表现出否，那么我们要听的就是她的头部语言，而非她嘴上所言了。你们要弄清楚为什么会存在这种行为不一致的情况。

兰斯·阿姆斯特朗在宣誓，并接受SCA Promotions[1]的律师杰弗里·帝洛森问询有关使用提高比赛成绩的药物的过程，为我们提供了一个关于行为不一致的绝佳案例。

事情发生在2005年，阿姆斯特朗最终承认，为了在环法自行车赛中获胜，他已经连续多年使用兴奋剂。帝洛森曾问道："您要对印第安纳

---

[1] 译者注：SCA Promotions：英国一家从事活动推广和市场营销的专业公司。

大学医院安德鲁小姐所说的话进行否认吗？"（伊丽莎白·安德鲁是印第安纳大学医院的一名护士，在其证词中提到，兰斯发表声明的时候，正在医院准备服用提高比赛成绩的药物。）

在回答的时候，兰斯摇头表示否认（他的头左右晃动），嘴上却说着："她的话绝对百分之百都是假的。"兰斯的话和肢体语言并不匹配，存在着严重的行为不一致性。

兰斯的口头表达也露出了另外一个破绽：对于一个只需要回答是或否的问题他没有直接回答，反而用了一个"绝对"。"绝对"一词可绝非是和否的替代词（在第十章中，我将深入谈论回答是或否问题的替换词）！兰斯还用了"百分之百"，为什么他会用到这个修饰语呢？在回答其他问题的时候他可没这样说。撒谎的人往往会利用措辞来增加谎言的可信度。

再次强调，一个破绽并不能成为判断谎言的充分证据，但是兰斯却露出了三个破绽——判断他在说谎就证据确凿啦（当然，无论如何，无论早晚，真相终会浮出水面）！在第十章中，我将更为深入地讨论谎言中的语言破绽。

撒谎的眼睛

眼睛是心灵的窗户，嘴巴是通向心灵的门户。聪慧、意志，都在眼中；情绪、情感和爱都在口中。动物们看着人的眼睛，来探寻人们的意图。即使是老鼠，当你追捕它，把它带到海湾，它也是看着你的眼睛的。

——希兰·鲍尔斯

眼神交流

眼睛可以显示情绪、意图、思想和感觉。我非常热爱动物，自己养了很多，朋友和家人都说我疯了。我在美国动物园和水族馆协会下的一家本地动物园，当了三年救助饲养员志愿者，现在仍在协会下另外一家机构做志愿者，照顾动物项目的动物，管理大型捕食禽鸟。

我接触过老虎、熊狸、貘、熊、袋鼠、水獭、土拨鼠、红河猪、羚羊、猫头鹰、红隼、兔子等各种类型的动物。这些经历让我明白人和动物之间的眼神交流与人和人之间的眼神交流同样重要。

比如说，永远不要跟老虎对视，它们会把对视当作是一种挑衅，认为你是要打一架的意思，你肯定不想跟老虎打，相信我，我已经体验过了。我永远记得我第一次见到两只西伯利亚虎的经历。

那是一天清晨，老虎们都还在它们的围栏里，等着被放出来，去池塘里面嬉戏，玩它们最喜欢的沙滩球。我跟饲养它们的工作人员一起走进围栏，它们跟饲养员已经很熟了，与我却并不熟悉。饲养员跪在了地上，我也跟着她跪在了旁边。

当我看着其中一只雄性老虎的眼睛时，它就锁定了我，我无法移开我的眼睛，大概是因为预感到了接下来要发生的事情，而我并不想错过吧。它低下了头，张开嘴，开始来回踱步，然后它上了笼子门，这时它距离我只有短短0.9米呀！别提有多恐怖了！它是把我当成了它领地里的潜在威胁了！事发几周后，我又见了它们几次。

那是个周六上午，我们刚把它们放出来，在清理完围栏后，我透过一道游客无法看见的暗铁门检查它们的情况，它们都看见了我在门边，然后朝我冲了过来。我暗想：糟了！我又惹恼了它们！但是之后发生的事却让我十分震惊：它们就在门边又蹦又跳，像两只家养的猫儿一样嬉戏，然后又开始用脸摩擦门，就像我的猫提特斯在家里面划定领土一样！

我再次跪下，这次它们就没有吓我了，而是发出嘘呼的声音（一种表达愉悦和问候的声音），我也朝着它们嘘呼。真是太酷了！尽管如此，我却从未怀疑过，这两只大猫一有机会，肯定会把我像玩具一样扔来扔去！

希兰·鲍尔斯说，动物们透过我们的眼睛，看清我们的意图。如果你看着一只陌生小狗的眼睛，它也会回望你，看你到底是觉得害怕还是在挑衅。任何一种情形下，它都有可能攻击你：如果你很脆弱，那么它就不怕你；如果你看起来是在挑衅，那么它就会保护自己。

如果你对动物不太有把握，最好看它的鼻子或耳朵。现在我正在实验"尖叫猫头鹰"的眨眼速度。我发现它们会模仿我眨眼的速率和时间长短，或快或慢，或长或短，这真是一件奇妙的事儿！我把这当成一种给它们喂食之前的减压技巧，的确是有用的。至于为什么会有用，我现在还没弄明白，这就是我的下个研究课题啦！

在美国，我们接受的教育是，进行正常的眼神交流是一种表示尊重的行为。但若盯着别人看或是瞪人则会显得粗鲁，引起尴尬。正常的眼神交流应该是看着眼睛、脸部周围并保持间歇性眼神接触。你就按照让你觉得舒服、正常的方式来做吧！

人们对眼睛和撒谎的关系有很多误解。你可能经常听到，中断眼神交流就是在撒谎之类的说法，我发现对大多数人来讲，这个说法是正确的，但偶尔也有例外。

一些说谎的人也会一直盯着你的眼睛，不挪开目光。他们之所以这样做是因为他们知道大家都认为说谎的人眼神游离，所以他们就故意不中

断眼神接触，最终就变成一直盯着看了。

凝视和眼神游离都有可能意味着撒谎，如果再加上背离基线行为的前提，就可以确定他们是在撒谎了。所以请记住：在做出任何判断之前，先划定其眼部运动行为的基线。

在我们与人交谈时，眼部运动是一种正常的行为，盯着人看则是粗鲁甚至带有敌意的，即使是在美国，也不例外。然而，在其他一些文化中，直接进行眼神接触则是粗鲁的，我在韩国的时候，就发现了这一点。

所以，你还要弄清楚所处文化环境中的一般做法是什么。在成为一名审讯官之前，我曾是考古学家，所以我有文化规范和敏感方面的优势。做你自己觉得自然的事儿，同时尊重身边人的情感和期盼也是非常重要的一件事。

快速眨眼

人们撒谎，感到紧张和焦虑时，会经历我在第五章中讲过的生理反应。其中一个反应就是眼睛开始变得干涩，需要快速眨眼滋润眼睛，结果露出了破绽。

克林顿面对陪审团，就其与莱温斯基的亲密关系作证时，他就迅速地眨眼了。是因为紧张吗？大概是吧。他在撒谎吗？肯定是啦！他快速眨眼到底是意味着紧张还是撒谎呢？在这个案例中，我会说两个原因都有。

在誓言下撒谎让他感到紧张，他的证词里面充斥着破绽群，我会在下一章中讲到这部分。我看到教员们在台上感到紧张时也会像这样眨

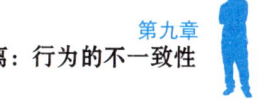

眼。除非眼睛里进了东西，比如睫毛，或者隐形眼镜的位置不对，又或者得了像红眼病这样的眼病，否则快速眨眼绝对是紧张的表现，也是判断那些一撒谎就紧张的人（我们大多数人都会这样）正在撒谎的可靠依据！

延迟眨眼

人们向你缓缓眨眼通常是情感回应或者集中注意力的表现。他们可能正在经历一种强烈的情感，从而导致闭上眼睛。他们可能是因为听到了自己不喜欢的东西，而竖起了一道心理上的墙，似乎只要闭上眼睛，那些让他们觉得烦扰的东西就会消失。

他们可能正准备说谎，在想要怎么说，或者他们只是说谎的时候不想看你的眼睛，毕竟眼睛是心灵的窗户。延迟眨眼的背后有很多种可能的含义，在发现其他谎言破绽群的情况下，它可能就是撒谎的标志之一。

神经语言程序学（NLP）

目前采用的NLP测谎还具有争议性。科学家、心理学家以及NLP认证培训师都不认同这种通过监测眼球运动而进行测谎的做法。与"迈尔斯-布里格斯性格分类法"一样，NLP并没有确凿的科学证据，其早期的研究中还出现过事实性错误，因此在学术界备受质疑。

在我看来，出现这些争议还是因为其不当的使用方法。我习惯在测谎过程中用NLP来辅助观察，原因和具体办法稍后再讲。一开始，我想先简单地介绍一下NLP的发展史。

先来看专业术语，NLP主要涉及三大方面：神经学、语言和程式。神经学与我们大脑的运作相关——我们如何思考；语言是我们发出的声音——我们如何交流；而程序则涉及人脑的思维模式和人的精神、情绪表达等。

美国心理学家威廉·詹姆斯在其1980年出版的《心理学原理》中首次提出人的眼球运动与思维模式是有关联的。之后直到19世纪70年代，心理学家才意识到眼球运动与左右脑认知过程的相关性。

1976年，约翰·葛瑞德和理查·班德勒进一步研究神经学、语言和程序三者之间的关系，发掘它们在现实生活中可能达到的实际效应；他们还提出NLP可以帮助解决和改善许多问题，如：饮食失衡、学习障碍、恐惧症等。

葛瑞德和班德勒还绘制了眼球线索判断图，用来揭示眼球运动方向与人的思考方式、情绪表达的关系。他们认为大脑会将我们的生活经历一一归类存储，一旦出现相似的经历或感觉，之前储存的记忆就会再度浮现；而这些相似经历或感觉的再现也是多样的：视觉（影像）、听觉（声音）、动觉（情绪，也包括触觉）、嗅觉（气味），以及味觉（味道）。

在NLP中，所有这些感觉都可称之为"感觉体"。举个例子：闻到某种香薰蜡烛，我可能马上就会想到80年代末在罗得岛，我的好朋友蒂娜与我一起度过的那段夏日时光，这种情况下，就是嗅觉引发回忆。

眼球线索图的规律是这样的：

*如果一个人向上看，他进入的是视觉影像，要么在回忆信息（眼球向左上方看），要么在创建信息（眼球向右看）；

*如果一个人平视前方，他进入的是听觉声音，要么在回忆信息

（眼球向左看），要么在创建信息（眼球向右看）；

　*如果一个人眼球向左下方看，他进入的是动觉，此时感觉由回忆和创建叠加而来；眼球向右下方看，他在进行内心对话。具体是什么？哈哈，等着你来搞搞清楚。

以上就是关于NLP的基本介绍，但并不完整；因为就像别人说的那样，各人历程，皆有不同。

不可单独使用NLP测谎的原因有两个。第一，它不是绝对严格的科学理论，因为面对刺激时，不同的人会有不同的反应、不同的眼球运动。

比如，当我回忆时，我并不会特意向左上方看；通常，我就是向前看，除非需要回想具体日期（我特别不擅长记日期），才有可能向左上方看。所以要明白，人们可能并不会像线索图揭示的那样回忆或创建信息。

第二，任何一种反应都有可能出现多种眼球移动线索。比如，有时人会在逻辑推理前出现强烈的情绪反应，有时则会在逻辑推理后产生这种反应。

此外，即使在撒谎，有的人也经常会把谎言与曾经的事实联系起来，以掩盖真相，给他人一种置身谎言之外的感觉，而这一点同样会在眼球的移动中表现出来。

举个例子，若问一个十几岁的孩子为什么超过宵禁时间回家，他会找借口说是因为同伴的车子坏了。在他大脑中确实存在那部坏掉的车子的影像，所以在他回忆时，他的眼球就会向左上方看（视觉回忆）。当然，他可能会因为撒谎而觉得内疚，眼球因此就会向右下方看（动觉中的情感反应）。另外，如果他突然回想起某次父母的车子坏掉以及当时他爸爸的怒骂声，他的眼球会水平向左看（声觉回忆）。

注意，关于这个孩子撒谎的确切表征——眼球向右上方看（视觉创建）——一次也没有出现。总之，要记住，在测谎时不能单独使用 NLP，你还需要基线判断，同时寻找其他破绽。

我向学员们分享了一分钟内快速找到对方基线的秘诀：如果你想知道对方在回忆时的眼球移动方向，这样问他："美国国歌的第五个词是什么？"

十之八九，他们在回答的时候都会抬眼同时向左看（一两个例外的会向前看，因为他们不明白为什么我会把他们叫到教室前面被人盯着看）。人们会在大脑中默唱，同时数到第五个词。

所以，如果我问一位女士"你欠了多少钱？"，她回答"5000美元左右"，同时眼睛向右上方看，那么意味着这个数字其实是她编造的，或是那位女士觉得尴尬而不愿意说出真实数字。之后，我会围绕那个问题询问更多，以此判断她是否说了谎。最简单的就是再追问一句："真的？"当然，更多提问技巧我会在下一章讲到。

在詹妮·德赖弗的肢体语言研究中心举办的"培训培训师"项目中（每天长达十多个小时），我们进行了这样的练习：每位学员讲一个真实的故事，其他人观察他的语言和非语言表现，包括眼球运动，以此来确定他的基线。随后每人再讲一真一假两个故事。

在这个过程中，我轻易就看出了一个女学员的假故事，因为她眼球运动的方向与她的基线差异太大。当然，如果只凭这一条下结论就太蠢了。我还看到了其他破绽，只是她眼球运动的差异是最明显的线索之一。借助于基线，我可以明确地判断出故事的真假。

基线确定了以后，还需要测试。问你已经知道答案的问题；问那些需要回答者回忆影像、声音或某种情绪的问题；再问需要回答者创建图像、声音或某类情绪的问题。

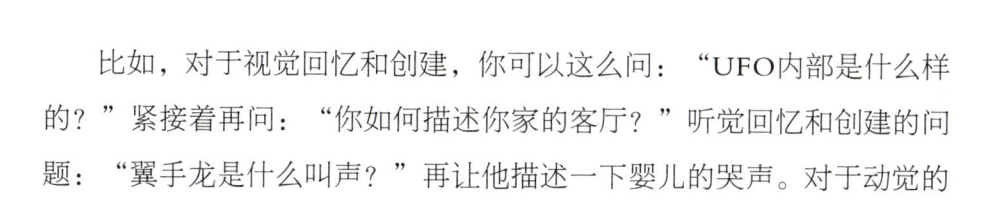

比如，对于视觉回忆和创建，你可以这么问："UFO内部是什么样的？"紧接着再问："你如何描述你家的客厅？"听觉回忆和创建的问题："翼手龙是什么叫声？"再让他描述一下婴儿的哭声。对于动觉的回忆和创建，你可以这么问："若某件事发生了，你会怎么办？"

告诉你个秘密：说谎的人无法对他们所说的事情产生共鸣，因为那些事情从来没有发生过。他们所说的也只是他们以为的。所以如果你怀疑你的孩子在晚回家的理由上撒了谎，试着问他："那关于这件事儿，你有什么感受？"

如果他在说谎，他就会变得支支吾吾，或者试图转移话题。记住：如果他所说的事情没有发生，那他只能想象自己可能会出现的感觉。所以，当我觉得某人在撒谎，我就一定会问这样的问题。

最后，假如你注意到某人向下看同时眼球左移，那么她极有可能内心正在纠结要不要撒谎，此时，若你接着问："你在想什么？"就可以观察她眼球移动的方向了。对这两个问题的回答都需要回忆信息，所以眼球的运动方向也该是一致的，如果不是，那你得看看是哪里出了问题。

嘴 巴

用力吞咽

和频繁眨眼一样，用力吞咽也是人感受到压力后身体的自然反应。嘶哑的声音、用力吞咽、嘴巴发干，这些都是线索。用力吞咽意味着不安和焦虑，再加上其他破绽，就可以判断对方是否在撒谎了。

抿　唇

詹妮·德赖弗说过："当听见不喜欢的事情时，我们的嘴唇会消失。"去网上找一张安东尼·韦纳在为自己色情短信事件辩解时的照片，你就会看到他收紧的下巴和紧抿的唇部。

假如有人在持续否认某件事情的同时一直抿唇，那么他一定是讨厌那件事情的。我的母亲嘴唇很薄，不过一旦开始生气，她的嘴唇就不见啦！

手

藏起来的手

通常人们认为把手放进口袋里会显得更随意，但事实上，这种动作所传达的是紧张不安的信息。任何时候，一旦你想藏起你身体的一部分，特别是手，其实你真正想隐藏的是你的情绪。

如果你不想自己看起来是个不值得信任或会撒谎的人，那就不要再把手放进口袋里了；如果一定要放，至少要记得把拇指留在外面。

封闭的手掌

我已经说过自然伸开的手掌会让你显得真诚、坦率、值得信任。你伸开的手掌像是在对人说:"我的手掌是张开的(就像玩牌的时候那样),我没什么可隐藏的。"相反,如果把手掌收起来,你可能就是想隐藏你的情绪或想法。

人在说话时如果手掌朝向自己(如果这不是他的基线),说明他觉得不安,或想要掩饰什么。若你已经知道某人平时手掌习惯摊开,但她突然蜷起来或朝向自己,这就是基线偏离,意味着她可能会撒谎,那么你就注意寻找更多破绽吧。

放在头部的手

把手放在头部(脸、脖子、头发、额头)通常意味着受压或说谎。如果你想取得别人的信任,那就先避开这些动作。不过,你得知道别人这么做时意味着什么。以下就是手放在头部不同位置的示例及它们各自传递的信息。

其一,手放在嘴巴上。将手放在嘴巴附近所传递的信息通常有以下四种意思:不同意、沉思、自我对话和撒谎。我说过,说谎的人会用手捂嘴来试图遮掩他们的谎言(或他们"得逞的快感")。有人会通过碰触自己嘴唇上方来自我安慰或集中注意力,也有人会在思考时做这样的动作。

当然,这种姿势传达的也有可能是怀疑。在布莱恩·威廉姆斯对爱德华·斯诺登的采访中,这个动作就出现了很多次。你可以认为他完全

手放在嘴巴上

不相信斯诺登所讲的事情（另一方面，斯诺登则呈现了一种强大、自信的姿态）！

在上图中，克里斯用手捂嘴同时把食指放在上唇上方，摆明了是说并不太相信他所听到的东西；而凯里则双掌平摊，表示"并没有什么好隐藏的"。

用手捂紧嘴巴表示的意思包括惊讶、紧张、羞愧、尴尬等。这个动作也是判断撒谎的有力证据。我见过许多拘留犯，在他们说谎或认为自己谎言得逞时，都会捂嘴，其实就是下意识地去遮掩他们"想说真话"的嘴巴。

其二，手放在下巴上。放在下巴上的手主要代表这三种意思：权力、厌倦、思考。你们肯定在很多场合见过这样的动作，比如会议上、课堂里、别人的演讲中，甚至是在家看电视时。

在肢体语言研究中心的官网上有一张詹妮·德赖弗的照片，她以手支着下巴，透露出一股强大的气场，而且还很有权威性。詹妮说过："手放下巴等着赢！"这种姿势会显得人强大自信。

做个小测试：下次不论你打算向上司请缨一个项目，还是在午饭时争取新客户的合同，或是想卖出一辆二手车，记得说话时把手放在下巴上。这个动作会让你看起来真诚又自信，一定要试试！

该姿势可以说是"苹果"之父史蒂夫·乔布斯的经典姿势，因为他有多张这种姿势的照片。下图中，当克里斯在解释什么时，凯里就是这样的姿势，他看起来就特别胸有成竹。

当人们在考量某些事情的时候，会无意识地将手放在嘴巴、下巴或脸颊上。不过同样的动作也可能是疲惫或厌烦的意思。若一个人手支下巴，食指指向耳朵方向，可能他在估量某事；若他的食指放在嘴唇上方，则意味着怀疑，那他有可能就是在说谎。

手放在下巴上

因此，我们要记清手放在下巴的位置和其对应的意思：权力、思考、厌倦。

其三，手放在脖子上。如果对方在你讲话时会按捏自己的脖子，要么他是在放松自己的颈部肌肉，要么就是想借此动作纾解压力；另外，突然的血液流动加快也会让他脖子发痒。

看到对方的动作，你就应该考虑，他的压力从何而来？有人会在说谎前揉搓自己的颈后部。若你和对方的关系还不够亲密，或有些生疏，那对方做这样的动作其实是在说"你的存在让我不安"。

揉捏颈部同样还有调情的意思。若一位女士抬头暴露颈动脉时，用手轻触自己的颈窝，然后再游移至脖子处，便是这种意思了。她这个挑逗的姿态，意思就是"我很开放"。虽说都是手放在脖子上，但两种姿势还是有明显不同的，你很容易就能分辨出它们的不同。

其四，挠头。如果你看到某人在挠头——就像媒体报道里的普京那样——他或许是在沉思，也可能是困惑，或者不信任，当然也可能是在说谎。

兰斯·阿姆斯特朗在还未公开承认使用兴奋剂时的一次采访中，面对使用药品问题，就曾频繁地挠头。当人打算说谎时，会下意识做出这个动作，目的在于将原本停留在嘴巴上的视线焦点进行转移。如果在挠头的同时还抓了一下脖子，这个人肯定在说"我其实并不明白到底给你说了些什么"。

当然，也有可能那个人就是单纯的脑袋痒了。假如老板看到你提的创意，先是抓了抓脑袋，然后又皱了下鼻子，同时嘴唇抿成了一条线，那你就赶快换别的创意吧！

表示不确定的七大迹象

1. 耸肩

我最喜欢耸肩这个动作，它表达的意思再明显不过，就是不确定。但是，耸肩并不意味着说谎。你必须仔细观察对方的肩线，因为有些动作很细微，就像呼吸时腹部自然起伏那样，几乎观察不到。

若一个人耸肩的动作特别明显，大多意味着他已经决心放弃了。若是不自觉地耸肩，则说明他对当下所说事情的并不确定。当然，单凭耸肩这一动作还不足以作出判断，你依然需要找出更多的破绽。

2013年11月，一位新西兰女同性恋服务员的故事引发了轩然大波。戴娜·莫拉莱斯在脸书上说一对夫妇在酒馆结账时非但没给她小费，反倒在收据上留言说"不喜欢她的生活方式"。这件事情不断被转载，许多网友开始向戴娜捐钱，戴娜表示会把收到的3000美元捐给一个救治伤残老兵的项目。

一个星期后故事出现了转折：那对夫妇在电视上看到了戴娜的新闻，意识到自己就是戴娜口中的"那对夫妇"，但当时他们除了给过她18美元小费外并没留下任何字条。于是他们联系了报道此事的媒体，表示一直以来都很尊重和包容别人的生活方式，绝对不会写下那样恶毒的留言，而且他们的笔迹与戴娜所展示的留言字迹完全不同。

媒体再次采访了戴娜，告诉她那对夫妇出示了当日的收据，除了小费并没有她所说的留言，他们还出示了银行卡消费记录，也证明两人在餐费外支付了18美元小费。

面对媒体的质疑，戴娜只是不断地重复自己的故事，说："呃，我不知道，那也不是我的笔迹。反正……"说这些时戴娜会频繁地耸肩、扬眉。表面上看，她在说"我不知道"时耸肩，语言和行为表达的意思相同，即不确定；但在我看来，她的行为似乎更像是"我不知道如何摆脱眼下的情况"。

当记者问："你明白那对夫妇为什么会觉得失望吗？"她回答："我……我猜，我想，嗯，我确定……"而且全程伴随耸肩。她真的不知道那对夫妇为什么失望吗？哦，当然不是；真正让她觉得不安的是自己可能会被拆穿！

像她在采访中出现的结巴和停顿，我会在下一章详细说到。戴娜其实露出了许多破绽。果然，不久人们就发现整个事件其实都是她编造的，而当初那些同情戴娜给她捐钱的网友也都收到了退回的捐款。

2. 身体收紧

当你觉得受到攻击、悲伤、失落、羞愧或被打败时，会试图让自己从体积上看起来小一点儿。说谎的人蜷起身体是为了博取怜悯。假如有人同时耸肩、手掌朝上、用手揉脖子、收下巴，就是希望自己显得弱小。

但是要小心，有时人发怒要攻击别人前，身体也会向右收紧，就像眼镜蛇那样。如果有人在暴怒时突然收紧身体，那你可能要向后站一点儿，他不是不安，而是怒气即将爆发。

3. 无花果叶站姿

我在第五章讲到了人体最脆弱的区域：颈窝、腹部和腹股沟。我经常看见许多军人还有政府官员站着的时候会两手交叠放在腹股沟。我把这种姿态叫作"无花果叶站姿"，它意味着尊敬，但更表示顺从。

如果你希望自己看起来很尊重对方，同时又很自信——而非顺从——那你的手应该是在背后的。手放在背后站着会显得你无所畏惧，因为你完全敞开了身体的那三个位置。

当我们觉得受到威胁时，身体会收紧并下意识地保护自己最关键的、最脆弱的地方。在下图中，凯里就很不自信，看起来是畏缩、自我

无花果叶站姿

防范的感觉。

可惜，无花果叶站姿现在已经成为一种很普遍的表示尊敬的姿势了，尽管实际上，它显示的是紧张和不安。若你们想给新客户一个好印象或在提请升职时表现出雄心，那就把你的隐私部位露出来（可不是真正地露出来哦），同时把手放在背后。

4. 自我心理安慰

当人感受到压力时，会通过各种自我抚慰和自我镇定的姿势来调整自己，也就是自我心理安慰。有的人在别人面前（不管听众是5位还是5000位）演讲时，姿态会很像霸王龙——胳膊弯曲但上臂紧贴在身体两侧。这是最明显的自我心理安慰姿势之一，也是本人最讨厌的一个动作。

尽管这些人想用手势来表达他们的意思，但他们的手肘像是粘在了身体两侧，所以看起来就很像上肢超短的霸王龙。这样的姿势会让别人（同样会让自己）觉得是紧张或不自信的。甚至当我们想通过其他方式展示自信，比如压低音调、舒展身体、扬起下巴，可一旦出现了"霸王龙"手，所有的努力都会白搭。

人在放松且舒适的状态下，胳膊会自然地垂在身体两侧或屁股上，甚至口袋里。上图中，凯里把他的胳膊紧紧夹在身体两侧，看起来很不自在，也不自信。

要记住，不管你是大会发言人、TED[1]演讲者，还是老师或其他

---

[1] 译者注：TED是英文technology, entertainment, design的缩写，即技术、娱乐、设计。它是美国一家私有非营利机构，该机构以它组织的TED大会著称，会议的宗旨是"值得传播的创意"。每年3月，TED大会在北美召集众多科学、设计、文学、音乐等领域的杰出人物，分享他们关于技术、社会、人的思考和探索的成果。

第九章　L——寻找偏离：行为的不一致性

霸王龙姿势

人，当你在舞台上、会议室或教室里讲话时，把手放下来，让它们放松地垂在你身体两侧。当然你可以在讲话时做手势来调动气氛，我也很鼓励这么做，但千万别出现"霸王龙"手，那样会让你看起来傻透了！

我曾听过一名陆战队军官的演讲，他外表沉着坚毅，制服笔挺。但是，演讲全程都在不停地用手拍去自己制服口袋上的"线头"（当然这些"线头"并非真的存在），事后我向他提起了这个小动作，他根本没有印象。说明这个动作完全是他在紧张时，身体下意识做出的反应，目的在于让他恢复平静。

5. 后退

许多人会邀请我在他们演讲时观察他们的表现，从而指导他们进行改正。我发现当人思维卡壳的时候，往往会向后退一步。人在感到不安的时候会想和造成他不安的东西拉开距离。

假如你正在面试或约会，对方在交谈中突然后退，你们之间的距离变大，就说明他对你并不感兴趣、他觉得不安或觉得自己被冒犯了。如果他在说谎，他极有可能会向后退一步来表示自己和谎言无关。但一定要记得找破绽群。

6. 肢体变化

我公司的格言是"动身，改变思想；识身，影响四方"。说谎的人也明白这一点，所以他们会通过肢体动作的变化来改变想法，也就是说，说谎的人会通过改变他们的姿势——坐下、站起、翘腿等——来应对因说谎而产生的压力。我将这种改变称为肢体变化。

HBO[1]曾播出过原创纪录片《法医迈克尔·巴登：验尸报告》，剧中的巴登博士是位非常有名的物理学家，同时也是一位资深法医。

该剧第十集有一个案子叫"湖中的女人"：一名叫达琳的观众在HBO官网观众互动版块留言，说她失踪数年的姑姑被人在一辆沉湖的汽车里发现，她想知道到底发生了什么。巴登博士看到留言，决定开始调查。这一集，在我看来，是很好的肢体语言培训示范片，但由于敏感性，我就只能和你们分享其中一小部分了。

在巴登检查遗体寻找死因的时候，节目组要找到达琳姑姑当年的

---

[1]译者注：HBO全称为Home Box Office，为美国有线电视网络媒体公司，总部位于美国纽约，曾制作播出过《黑道家族》《兄弟连》《欲望都市》等。

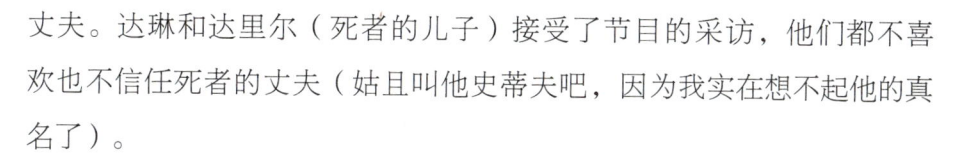

丈夫。达琳和达里尔（死者的儿子）接受了节目的采访，他们都不喜欢也不信任死者的丈夫（姑且叫他史蒂夫吧，因为我实在想不起他的真名了）。

某天，还是小学生的达里尔放学回到她妈妈的汽车旅馆（他们一家三口都住在那里），被史蒂夫告知他妈妈不见了，随后史蒂夫自己也离开了。他们最后在佛罗里达找到了史蒂夫，并出钱要求他就达琳姑姑的死接受采访（采访人员其实是警察假扮的）。

在采访中，当警察略微表现出对他的怀疑时，史蒂夫马上就察觉到了，他开始紧张，并且要求提前结束采访。在这段采访中，史蒂夫暴露了很多破绽：他会频繁地眨眼、用力吞咽——身体由于压力而僵硬；他一度紧张到在采访中突然站起来（肢体变化）想从房间里出去！

可以说，他一直保持着一种"或战或逃"状态。他在讲话时也很有问题——回答问题使用反问句、讲话结巴、含糊其辞等。所以有段时间我们就利用这段采访视频作为教学示范片。最后我了解到他还是住在佛罗里达。噢，这家伙就是个教科书级的骗子，每个接受辨识欺骗培训的人都会承认这点的。

7."匹诺曹"效应

我不知道卡洛·科洛迪在1883年写《木偶奇遇记》时有没有听过"匹诺曹效应"。他笔下的木偶小人在说谎时鼻子会变长。那你是否知道我们平日说谎时鼻子其实也会变长？但幸运的是（或者说不幸的是），这种变化用肉眼是看不出来的。

当人觉得有压力的时候，鼻子的某部分组织会开始充血，鼻头就会发痒。所以如果你看到有人表现得很紧张，还会挠鼻子，那他肯定是像

匹诺曹一样说谎啦。

  比尔·克林顿在听证会上否认他与莱温斯基的关系时，曾不止一次地在挠鼻子，甚至会用手把鼻子捂起来。可以说挠鼻子是人感受到压力的一个明显标志，至于当这个动作出现是否就意味着说谎，则需要你掌握更多的测谎技巧来判断。

第十章

E——提取真相：
语言里的破绽

我会拆开句子，分析词语真正的意思。此外，我还会进行陈述分析。已退休的联邦副执法官马克·麦克利什，有26年的联邦执法经验，创造了"陈述分析"，通过分析他人的语言，来判定其有没有撒谎。

这一章我不仅会教你用四个步骤从撒谎者那里提取真相，还会教你识别11种常见的语言破绽。

我10岁的侄女克里斯汀娜对我说:"丽娜姑姑,你都不会相信这事儿,但,噢,我真能屏息5分钟呢!"

我问她:"真的吗?"

她咯咯一笑说:"嗯,几乎不敢相信。来看看我,计时!"

这会儿,我就知道她根本不能屏息五分钟,如果她能做到,早就进吉尼斯世界纪录了。不过就算她说个靠谱的:"丽娜姑姑,你都不会相信这事儿,但,噢,我数学成绩单上是A哦!"我也依然不相信,有两个原因:首先,她间接告诉我不要相信她——模糊言辞;其二,她说话有停顿,还用了填充词"噢"。

一个句子里出现的两个线索,便是告诉我,她嘴里吐出的话最好也就是虚构的,最坏就是谎言(关于闪烁其词的线索现在还不是绝对的,

你得像对照肢体语言的基线一样，来对照她平常说话时的基线）。

我在第五章提到的朱迪·阿瑞亚丝受审视频中，她当时一个人被留在了审讯室，戴了手铐的手藏在背后，人坐在椅子里，头埋在圆桌上。一分钟左右，她决定坐在地板上，俯身，使劲儿摇头甩发。一个女人进来后让她坐回到椅子上。她重新坐好后，又将头埋在了桌上。

后面进来了一名刑警，向她宣读她的权利，那时她问刑警："噢，这真的是个琐碎的请求，会暴露我的肤浅，但在他们控告我之前，我能稍微整理一下自己吗？"

哈，朱迪是你自己说自己肤浅的，不是我们，不过你试图在人家控告你残忍杀害你男友前，让自己看着舒服一点，那可真是肤浅啊！

把朱迪说的这句话拆开看看，就会发现三个语言破绽：她用了一个填充词，那代表话语停顿，要想想下句该说什么；她用了一个字眼"真的"，通常人们在强调自己认为的真实性和巩固谎言的可信度时会用这个词；最后，她用了"但"这个字，一般作迂回式陈述时经常会用这个字眼。

她可能知道请求这么做会让她看着比较糟糕，所以才用"真的"来弱化请求的琐碎性和肤浅性。人们用"但"时通常意味着最小化、缓和或弱化即将要说的事情的价值或重要性。朱迪就试图弱化关注于整理自己的全部含义，希望可以借此把刑警的注意力转移到这种微不足道的小事上，而不是她正被控告杀害前男友的事实上。稍后我会进一步探讨迂回式陈述。

这一章主要探讨语言破绽（包括口语和书面语）。我会拆开句子，分析词语到底是什么意思，因为词语很重要，人们会因为某种原因，有意无意地选择特定的词语。

此外，我还会进行陈述分析。已退休的联邦副执法官马克·麦克利什,有26年的联邦执法经验,他创造了"陈述分析",通过分析他人的语言,来判定其有没有撒谎,有没有说真话。

我会教你四步法从撒谎者那里提取真相,这也是我提取真相遵循的步骤。你会学到如何用心听,分析事件时间线,达到填补缺失信息的目的(一般会出现在省略撒谎中)。我也会教你10种常见的语言破绽(语言中的基线偏离)。你可以学习得体地吹捧别人,使其自豪感和自尊心膨胀,让人家觉得飘飘然。

你还会学到如何利用询问技巧,在保持良好关系的情况下获取真相,这是本书的关键所在。因为我不仅想让你摆脱生活中的欺骗,还想让你知道真相,你应该,也值得知道真相。

你或许想知道为什么我叫它提取真相吧?看看布雷德利游戏操作书你就明白了。在这个游戏中,你用金属镊子从男病人身体里提取各种奇怪的东西,比如从他胃里取出蝴蝶,从胳膊肘取出鹰嘴突。

如果操作时不小心,镊子就会碰到金属面,在他的红鼻子亮起时,还会忽然爆发出响亮的警报声。在你提取真相时,你也得小心翼翼,不能让人意识到你企图做什么。若你审讯或面试的对象,一直尽其所能抗拒你的技巧,坚持托词的话,那提取真相就变成非常有技术含量的对话了。

在对话中,你需要隐藏你的真实意图和目的,让他坦白事实。你可以通过小心询问、利用提取技术、掌握话语权来做到这点。你得保证不让他感觉不舒服、有罪恶感、紧张,不让他担心他刚才的坦言,不能触动他的警报器。

如果你问错了问题或问的问题有欠水准,就不会获得你想要的信息了。蹩脚的提问技巧只会让你们彼此都沮丧,而双方都受挫、情绪化时,你俩的良好关系估计就玩完了。关系毁了,真相可能就永远无从知

道了，对方可能会彻底关闭对话的大门。

如果这事真发生了，可以的话，我建议找个中间人来问他。此时，你的可信度或许已经没了，所以不管你多么诚恳，理由多么有说服力，想要他重新回到对话中，都可能不会成功。

作为一名前军审员，我觉得比起其他审讯环节来，提问会要求你拥有更多的技巧和机智。建立良好关系容易，利用方法技巧容易，但恰当地提问却很难，它需要全面利用话题，掌控对话，还需要尽力保全关系、混用各种方法。我这就教你几招，只要使用得当，就不会失败。

提取真相的四大步骤：

步骤一，划定事件时间线。

步骤二，听语言中的破绽。

步骤三，利用膨胀的自豪感和自尊心。

步骤四，问恰当的问题。

第一步：划定事件时间线

要确保获得信息的细节详情，不留任何空白余地的话，就使用时间线。利用时间线来发现谎言是超级有效的方法。

正因为太有效，我的所有审讯才都用了时间线，去收集拘留犯*想要*告诉我的事件详情。之所以斜体标出"想要"，哈哈，那是因为多数拘留犯都想撒谎，想告诉我一个编造的故事——我们称之为"掩护身份的托词"——一个关于他们去阿富汗的目的单纯且无害的故事。

他们知道如何创造一个有足够细节，看上去够真实的故事，可惜大部分人都记不住他们编造的故事。在全部托词中，只有一小部分是他们愿意也准备好分享的真实信息，所以他们得小心对待自己编造的部分，因为编造越多，要记的也就越多，但记住虚假的细节详情真的很困难。

事实上，大多时候，这几乎是不可能的。正因如此，他们的托词才显得模棱两可。我喜欢说，细节是谎言的死神。如果你给不出任何细节，那就暗示着你在撒谎，你不想再记住那些虚假细节了。

相反，如果你还要接着给我虚假细节，我也会在后续的审问中发现你在编造的细节中屡屡出现的错误。因此，不管是暴露细节，还是充分利用细节都会泄露你的谎言。

你知道撒谎的人事后都记不住谎话吗？给拘留犯的故事进行时间线分析能让我从反方向看他们的故事，这时他们就会面临不曾预见的局面。所以我会让拘留犯再告诉我一次他为什么去阿富汗，不过会让他从到达关塔那摩开始回顾，倒溯至故事开头的地方。

哈哈，只要他们之前告诉我的是不实之词，现在准备弄乱故事的细节，遗漏信息或加入更多的事实，那就没一件事会跟我最初做的笔记一致。记住下次有人告诉你一件貌似不靠谱的事时，让她再告诉你一遍，不过要让她倒叙，若不能，那之前她说的可能就不是真的。

之所以用"可能"，是因为如果你跟我很像，记不住日期和时间的话（不管正说还是倒叙），即使你讲的是实话，你也无法让细节来回一致。要是决定利用时间线，那最好让自己成为一个好的倾听者，因为如果你不能为后续的审问记住细节，你就已经失败了。

我倾听并做笔记就是为了深度探究，获得每一分钟的细节，最后发现所有的语言破绽。时间线能帮我收集我需要拆分的虚假故事的每个细节。

审讯员的大脑中时刻都运转着百件事，从管理方法技巧到建立良好关系，从跟口译员合作到与执法机构工作人员的双人配合，从使用专用设备到做长篇笔记，还要聚精会神地听每一个单词，专心致志地看每一个动作，这工作可真够呛，总得同时做十件事，实在耗人心力。所以为了确保自己不遗漏每个故事的每个细节，我需要借助时间线，让自己能以自己的节奏将其拆分开来。

这么做也有利于建立良好关系。我从来不想一开始就责问拘留犯，因为这样他们之后会不想再跟我谈，所以我会对他们超级友好，尊重他们，倾听他们说的话，就算他们讲的是在拘留犯中流传甚广的可笑的虚假故事。

有的拘留犯想好了关于他为什么去阿富汗的完美虚假故事后，会跟其他拘留犯分享，想他们都用这个版本。整整50个拘留犯都告诉我他们去阿富汗找老婆。

他们怎么就没看出这多荒唐啊！当然我会说："有意思！找到没？"没人会告诉我他找到了，或者回答说："没，但我找到了塔利班！"但为了跟他们建立良好关系，最终获得真实的信息，我还是会花时间来耐心听他们的连篇鬼话。

时态的重要性

撒谎的人编故事时，时态一般是现在时，因为压根就没发生过，所以不会是回忆的信息。寻找语言破绽就是要留心时态的忽然改变。

撒谎的人要记住谎言的细节也是十分困难的，因此他们在杜撰时通常会混淆时态。他们试图用过去时来说谎，仿佛那事儿真的发生过一样，但因从没发生过，你会经常听到他们的叙述中频繁出现现在时。

把故事按照时间顺序拆分成一系列小事件，会让你看到时间线里的空缺。一旦你辨别出时间和信息空缺群时，你就能利用有效的审讯技巧去侦查遗漏的信息，进而补充完整时间线，然后充分利用每个事件获得详情，从而发现谎言。

等彻底问完对方时间线上全部的事件后，你就可以请他倒叙一遍他的故事了，这可是捕获谎言的成熟技巧。为什么？撒谎者事后是不会记得谎言的。

为什么？因为他们编造故事时用的是时间顺序、现在时，或许不知道倒过来是怎么样的。他们或许会记住关键的时间，但他们会弄错顺序，忘记细节，受挫、紧张、有防范心。一旦撒谎的家伙崩溃了，你就能瓦解他抗拒告之真相的意志力了。

现在我们来看看访谈节目大师拉里·金2000年的现场访谈，访谈对象是帕齐和约翰·拉姆齐夫妇，谈的是他们发现女儿琼贝尼——年仅6岁的选美皇后——在家中被谋杀后的事情。我转录了这段对话，不过还是希望你们能搜索一下，或在youtube上观看视频，这样就能看到肢体语言和微表情了。

拉里·金：现在让我们回到那个夜晚，是12月26日，圣诞节过后那天发生的，对吧？

约翰：嗯，嗯。

拉里·金：你当时在朋友家里过的圣诞节，告诉我们一点详情吧，你们在博尔德市做什么生意？

约翰：我们是做电脑分销业务的，电脑产品会卖给代理商，让他们再卖给需要的人。

拉里·金：很成功，对吧？

约翰：是，嗯，相当成功。

拉里·金：你有两个孩子？

约翰：是（看了看帕齐）。

帕齐：两个孩子。

拉里·金：你在前一次婚姻中失去了一个女儿，对吧？

约翰：我最大的女儿贝丝是1992年在芝加哥的一起车祸中丧生的。

拉里·金：你失去了两个女儿。

约翰：两个女儿，最大的和最小的。

拉里·金：那天发生什么了？

约翰：12月20……26号？

拉里·金：26号。

约翰：（叹了一口气）我们计划动身去，呃，夏洛瓦，那是……我们，啊，在那儿有一栋夏季别墅。有……啊……我们跟孩子们有个约会，啊，嗯，第一个家庭圣诞节，大家都去密歇根。我们计划那天早上离开，啊……嗯，飞往密歇根。

（作者提示：注意所有的填充词、叹息、压力信号以及试图想想下面说什么的迹象。）

拉里·金：圣诞节之后的早上。

约翰：之后的早上。

拉里·金：那夜发生什么了？你能记起的第一件事是什么，帕齐？

帕齐：我能记起的第一件事是……醒来，匆匆穿衣，下楼，然后，啊，把准备打包带上飞机的东西放在一起。

拉里·金：那大约是几点？

帕齐：早上，黎明前。

拉里·金：（对约翰说）你起来了？

约翰和帕齐：（齐声说）嗯嗯。

拉里·金：那之后发生了什么？

帕齐：然后我，我（结巴了）……下旋转梯（用手做了螺旋运动），然后……在旋转梯的台阶上发现3页的勒索信。

（作者提示：数字3经常诡异地被撒谎者使用。事实上，它又被叫作撒谎者的数字。或许是因为人们更容易记住以3为数字群的信息吧。结巴也是压力的一种。但他们的陈述中出现的最重要的一个现象——你能猜到吗？——是现在时。记得我之前说的吗？编造故事、谎言会用现在时，所以就算故事发生在过去，他们也依然会用现在时。帕齐本应该说"发现了3页的勒索信"。在故事最关键的时刻——发现了勒索信，她从过去时转换到了现在时，这就是语言破绽。）

拉里·金：没人进屋子，门不是开着的，你读了这个留言……

帕齐：我不知道那个（她在微笑）。

拉里·金：你做了什么？

帕齐：（仍然微笑着）啊，我几乎就没读，你知道，也没花时间去想（停顿）发生了（停顿）什么。我跑回楼上，推开她的房门，她已经不在了。

（作者提示：帕齐为什么笑？或许是欺骗的快感？）

帕齐说的这些，我相信完全是杜撰的，因为我已在时间线上看到了很多破绽。但你发现了时间线有何不对吗？帕齐声称在她发现3页的勒索信前，她下楼去打包了，她第一次经过时，没发现吗？

或者是第二次她把勒索信放台阶上的？我不知道他们的房子长什么样，但如果不止一个楼梯，她之前走下去的那个可能与放有勒索信的那

个不同吧。这种语言破绽是时间线分析能发现的。

如果我是拉里·金，我会问她做这些事的时间：几点起床的，几点穿衣的，几点下楼打包的，几点发现三页勒索信的，几点打开她女儿的房门的。即使她给的只是近似时间，也会有个粗略的时间线。为了给你演示一下我是如何在审讯中利用这个技巧的，我会为假想的时间线对话编造些答语。

丽娜：帕齐，你12月26日几点起床的？

帕齐：早上，太阳出来前。

丽娜：大约几点起床的？（我会再问她一遍，因为她没回答我的问题。）

帕齐：大约5点。

丽娜：你何时穿衣的？

帕齐：一起床就穿衣了。

丽娜：几点穿的？（又一个重复的问题。）

帕齐：嗯，我洗了脸，应该是在5:15穿的。

丽娜：你几点下楼去打包的？

帕齐：5:15下去打包的。

丽娜：何时下旋转梯，发现3页勒索信的？

现在我不知道她接下来会说什么了。她会试图掩饰说下楼两次第一次却没看见勒索信吗？或者她会声称她之前走的楼梯是另外一个，回来后再下去用的是旋转梯？我都不知道，但你能明白时间线是如何显现杜撰故事的破绽的吗？

另一个用时间线辨识谎言的好处是你可以利用时间线去与故事相互

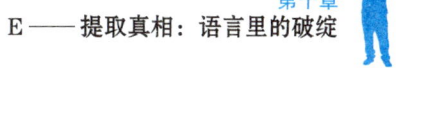

对照，核实事实。如果帕齐的诉说是真的，那时间上不该偏离太多。如果她说的是假的，那她不会记住时间的详情，她会弄乱、混淆事件的顺序。

我鼓励你试试时间线，不管你感觉欺骗你的人是谁。从自家姑娘到公司雇员，你都可以使用时间线分析一下，看看口袋里的香烟到底是不是自己女儿的，雇员到底知道不知道收银机里200美元的去向。

两个重要的警告：使用时间线时，要小心点，不要让人觉得你像机器人一样在审讯对方，那样他会有所防范，而你会断送掉你们的良好关系。你得在质问他们的同时与其保持良好关系，这样对话才能进行下去。

此外，你也不要攻击他们，或因坏事控诉他们。当人家觉得坦白心里会舒服时，当他们跟询问的人关系融洽时，当询问的人让他们觉得说出来所作所为能得到理解时，他们才会坦白。我会在第三步——利用膨胀的自豪感和自尊心——深入探讨这个技巧。

我在此想对读这本书的审讯员、调查员和面试官说句话：如果你还没试过，现在就开始用时间线吧，它会助你节省时间和减少挫败感的。

第二步：听语言中的破绽

人们不会莫名使用某个词语，在辨别欺骗时，解读词语跟解读肢体语言一样重要。这里有11种能表明欺骗的语言破绽（包括更换时态）。之所以用"能"，是因为你已经知道我的"三条黄金法则"了：划定基线、寻找破绽群、注意信息传递的情境。只有在考虑到三条黄金法则的框架

下，才能确定这11种语言破绽是否一定成立。

1. 代词的使用

撒谎的人会避免使用"我"和"我的"，这种做法有益于拉大他们跟谎言的距离，因为多数人还是愿意说实话，不喜欢撒谎的。当他们撒谎了，他们也会想方设法让自己从谎言行为中脱身。此外，回避单数第一人称代词还能让撒谎者不给出明确答语。

前国会议员安东尼·韦纳首次就他在推特账户上的照片事件发言时，他拒绝回答照片是否是他的，只是坚称账户被黑客攻击了。记者问他："你能确定地告诉我那张照片是你吗？"韦纳是这么回复的："我们正在查照片的来源。"明显这里有几处漏洞。

首先，记者问他的是是或否的绝对问题，而他没有用绝对的方式回答；其次"我们"到底是谁？他为什么不直接说"我正在查照片的来源"？因为他在撒谎，还想让自己从谎言中脱身。后来，他接着说："我说，让我们试着弄明白整个事件——恶作剧到底是怎么发生的，如何确保下次不会再发生类似的事。"又一次，他使用了第一人称复数，同时伴有结巴和迟疑，这也是语言破绽。我们当然知道他是在撒谎。

后来，他最终出来，在公众前道歉，再也不试图与谎言保持距离了，"我们"变成了"我"："我犯了很严重的错误，伤害了我最在乎的人，我深深地感到报歉。"所以代词的使用会告诉我们很多别人有没有撒谎的信息。

有时你会听到代词的转换。比如，让我们回到2001年，当时北方联盟正处于杜斯塔姆将军的控制下，同时得到了包括美国在内的其他国家的援助。北方联盟逮捕了塔利班和基地组织的成员，把他们关在了阿富汗马扎里沙里夫的恰拉江监狱，试图与塔利班的首领和平理论，然而讲理行不通，接着还发生了三天的大屠杀。

数百名塔利班、基地成员和外国士兵中，只有86人幸存下来，其中一个是美国恐怖主义者约翰·沃克·林德。美国有线电视新闻网CNN采访了他，他说了大约十分钟："我们（塔利班成员）为正义而战，只是其中一个（塔利班成员）扔了手榴弹。"

采访中，他由第一人称复数变成了第三人称复数，用第一人称复数来说明自己和塔利班的联系，用第三人称复数则是让自己区别于个别罪恶的塔利班成员。这其实就是语言偏离或破绽。跟其他语言马脚一样，你得仔细听，才能注意到人称的变化。

2. 时态的变化

在帕齐那个案例中，我已经谈过她时间线中的时态错乱。记住：我们说谎时，会用现在时叙述，却忘记已发生的事该用过去时叙述。

3. 非缩略否认

嚷嚷声很大的人——否认事实且过于嘴硬的撒谎者——经常会借助正式语言。他们不喜欢用干脆的缩略形式，因为他们总试图强调自己的谎言，通过拆分缩略词让谎言看着更可信（记住，撒谎者是要使人信服，而说真话的人则是传达信息）：我真的没做那个；那个不是真实的；我们不会说那个。

不管是克林顿还是韦纳，他们的非缩略否认都很有名。克林顿说过："我跟那个女人，莱温斯基小姐没有性关系。我从来不对任何人撒谎，一

次都没有!"稍后我会来讨论这份声明,因为不只有两个语言破绽。

而韦纳说:"答案是我没有在(停顿)推特上发送照片。"如果你忽然听见某人用非缩略否认的话,一定要提高警惕。他肯定因为某种原因才强调他说的话。当然,非缩略否认并不总能说明人家在欺骗,所以你需要尽量使用我的三条黄金法则来获得更大的确定性。

4. 不会干脆地回答是或否

韦纳和克林顿都遭遇过这种不幸的问题。如果你问的是一个是或否的问题,那要遵循的黄金法则就是,对方在你的三次尝试之内应该告诉你是或否。如果没有,那人就是隐藏了一些事。

有时你会得到替换词。"是"的替换词包括"绝对""当然""肯定"和"总是"。注意这些词其实没一个真的是"是"的回答。"否"的替换词包含"当然不是""从没""当然没有""从不"(后面我会单独谈"从不"),同样这些词没一个是"否"的回答。

作为一名军审员,我把是或否的问题列入糟糕的问题行列,因为它们不能引出叙述的回答,不可能产生新信息。但如果运用恰当,拿来测试诚实性,那还是很有用的。问别人是或否的问题就像问人家《星条旗永不落》的第五个单词是啥一样,这是能迅速且容易掌握的基线。

尽管单词"从不"是个否定词,但它并不是"不"的代替词。人们用"从不"逃避不诚实时要比直接用"不"说谎容易多了。用"从不"回答有时可能会愚弄到采访者,但这并不一定意味着此人有欺骗性。有些情况下用这个词简直再完美、再合适不过。

比如,要是我说"我从来没有做过跳伞运动",这就是真实的陈述。不过为了避免给一个干脆的"不",而用"从不"代替"不"时,可能暗示有欺骗。所以你得记住别人的基线。我就经常用"从不",甚至会在讲真话时用它指代"不"。

现在让我们再来回顾一下2005年兰斯·阿姆斯特朗出现在电视体育新闻频道的样子。他否认质疑,并发誓在环法自行车赛中没有使用类固醇。这里我截取了一段阿姆斯特朗宣誓证词的转录对话[1]:

采访者:只想确认一下:并非是你不记得印第安纳州的病房里的事了,而是那件事,那件事肯定没发生。

阿姆斯特朗:我知道没发生。我从没吃过提高成绩的药,这事怎么可能发生呢?瞧,那怎么可能发生呢?

采访者:那正是我的意思。你不是,不能只简单地说你回想不起来了。

阿姆斯特朗:我到底得说多少次没有呢?

采访者:我只是想确认一下你的证词是清楚的。

阿姆斯特朗:嗯,没有什么比我从来不吃药更清楚的事儿了,那种事本来就从没发生过。

采访者:好。

阿姆斯特朗:清楚了吧?

采访者:嗯,我想清楚了。

如果你看视频的话,你会看到阿姆斯特朗表明他的观点时,用了拿刀手的姿势,好像在用手砍碎空气一样。你能从他的声音中听到他的防范和挑衅。兰斯就是我们所说的彻头彻尾的说服者,只要有人胆敢质疑他用提高成绩的药,他就会变得好斗、对立,非难对方。

---

[1] 作者注:可以在www.youtube.com/watch?v=klz86uQMrVg 查看完整版。

5. 用问题回答问题

如果你问一个人昨晚她在哪里，她却用另一个问题答复你，比如："你为什么想知道我昨晚在哪儿？"这种回答几乎都是欺骗的象征。如果她根本不予隐藏，她就会直接回答你的问题。没啥要藏着掖着的人是不会隐藏的。

这并非她没听清你的问题要你重复一遍，而是期待你回复她的问题，用此种搪塞的把戏不过是为了拖延时间，想想该说什么。用问题回答问题的唯一原因就是被问的人觉得问问题的人不信任他们，他们之间不只是回答问题的事。

所以你要是问他一个尖锐的问题，他用问题回答了你，可能只是沮丧于你对他不信任，怀疑到要问他的份儿上了，因此在回复之前会想怎么回答。但通常情况下，用问题回答问题只是搪塞的把戏。

6. 重复问题

其实重复问题应该是上一个语言破绽，即用问题回答问题的一个变形，或一个子集。除非对方对你的语言不熟悉，重复一遍是为了确定自己明白了问题，否则，重复问题也是为了故意拖延来换取回答的时间。虽然并不一定意味着他即将撒谎，但的确意味着他需要格外考虑一下怎么回答。

其实，我知道重复问题就是有些人的基线，我老爸正是其中一个。不管他是真的没听见我说的话（他的听力没以前好了），还是刚好没注意（因为他对英国喜剧电视节目更感兴趣），每逢我问他什么，他总要重复一遍我的问题。所以在使用这招时，也要记住对比基线。

7. 填充词

诸如"嗯""呃""啊""噢"之类的词都是填充词或拖延词，用以换取时间，想想接下来要说什么。我把它们叫作"口头禅"，因为人紧张的时候会倾向于翻来覆去地使用他们最喜欢的填充词，特别是在公众前讲话时。

他们把这些口头禅当镇静剂使用，却和使用肢体语言使自己镇定下来的结果一样，只会让他们看着紧张、不确定、有欺骗性。如果你知道或有人曾告诉你说话时要用填充词，现在就改掉那个习惯吧。

你可以在车中、在淋浴时、在任何你能单独一人的时候，开始练习演讲，有意避免这些问题。只有练习会让你更有信心，不久你就会脱离它们的干扰。让我们再来看看拉姆齐夫妇和拉里·金的转录对话，看看里面的搪塞拖延把戏，听听这些填充词里的不确定感。

拉里·金：好的。警察去了，朋友去了，伯克怎么了？他还在睡吗？或者你把他喊醒后，送走了他？伯克怎么了？

约翰：伯克，嗯，当时在床上，嗯……（停顿/结巴），我们，嗯，让他起来了，嗯，不记得具体几点了，但我们（停顿）让他去了一个朋友家里。嗯，我告诉他，他妹妹消失了，嗯……

拉里·金：告诉了他事实。

约翰：告诉了他事实。我们没有尽所能（停顿，然后在耸肩时摇了摇头）让他觉得事情（停顿）简单，他听后立马就哭了，所以他知道发生了一件很严重的事情，嗯，然后他去了一个朋友家里。

全部的对话时间是43秒，约翰在43秒内用了7次"嗯"，长时间结巴或停顿了4次。为什么在说话的内容上集中注意力如此困难呢？我认为他好像在试图回忆起出事那天他们夫妇编造的谎言，但脑海中可能浮现出了真实的情景。这只是我的揣测。当然，没人被宣布有任何罪，甚至在证明有罪前嫌疑犯都是清白的。

8. 迂回式陈述

迂回式陈述——为了给人造成假象，避重就轻，用另一种陈述做开场白——并非是用来体现谨慎的，而是用来故意制造模棱两可和模糊另一陈述中的事实和细节的。

它会缓和即将要说的内容，比如让陈述给人一种礼貌、谦逊的感觉，降低听众的警觉性。这样的陈述可当烟幕弹使用，用来弱化或转移人们对下一信息的注意力，而被"烟幕"掩盖的信息通常都很重要，也是谎言的藏身之处。

骗子惯用隐藏意图的迂回陈述，规避责任与真相。跟幻术师一样，他们总能转移观众的注意力，让人看不见幻象产生的方式。因为骗子迫切想要你把焦点放在迂回式陈述上，所以你听到声东击西的陈述后，一定要注意紧接着发生的事情。

我想简要谈谈别人给我们放烟幕弹的经历。在审讯界，我们称之为"被骗入兔子洞了"。拘留犯想骗我进兔子洞时——让我的注意力由相关主题移到不相关的主题上——他们会非常友好、十分合作，滔滔不绝地讲他们想讲的部分。

他们以为通过友好合作的方式就能隐藏事实，让我以为他们说的根

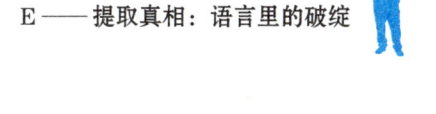

本就是无关紧要的小事，没有半点情报价值。他们也会告诉我复杂的故事，用莎士比亚的话来说就是"无事生非，小题大做"。

有些初级审讯员会让拘留犯不着边际地说上半天，因为害怕会失去与他们建立的良好关系，害怕让他们闭嘴后，他们连假话都不说了。遇到这种情况，我会把审讯员叫出来，给他打气后让其重新回到审讯隔间，结束拘留犯的那种胡言乱语。

这种拘留犯在被送回狱室之前，完全啥事不干，纯粹在浪费审讯员的时间。我们根本没有大把时间，尤其是战场上的士兵和机构里的人需要我们的情报时。所以别让人家把自己骗入兔子洞，他们试图隐瞒信息时，总会想方设法把你骗入兔子洞的。

你有没有面临过这种情形，问你在乎的人为什么回家这么晚，结果他只是敷衍你，给了你一个完全与为什么回家晚无关的故事，或与他去哪儿无关的回答？或者更糟糕的是，他还会反咬一口说他觉得很受伤，因为你不相信他？

有没有在问孩子为什么学习成绩不好时，只听到她抱怨老师对她很刻薄、很小气的话？如果有，那对方就是给你下烟幕弹了。人们创造烟幕跟魔术师制造浓厚的烟幕是一回事，都是为了掩饰他们真正做的事情，让你避开他们不想让你了解的事实。

谁愿意说："亲爱的，我这件漂亮的冬日外套，花了不少钱哩，足足1000美元啊，但我真的必须得有一件？"想来我们谁都不会这么说吧？我们可能会说："亲爱的，我终于发现了一件冬日外套，你知道我已经找了它好多年了吗？我会在你们公司的圣诞派对上穿上它，之前我需要盛装打扮时，都没件像样的外套。我真的想让你很有面子。对了，这件衣服还是促销款的呢！"

瞧，为了告诉老公买了一件昂贵的冬装，这里面放了多少无关信息

啊！什么圣诞派对，让对方有面子，都是你制造的烟幕，就是为了让他感觉良好，让他高兴，防止他回头再问你衣服的价钱，而你不得不被迫承认花了一大笔钱买衣服。我相信这招肯定管用，因为我做过这种事，不过买的对象是鞋子而已。

我将在这里转录另一段朱迪·阿瑞亚丝的采访，你可以发现她在讲特拉维斯如何被谋杀（最后证明是一个谎话）时制造的烟幕，整个视频记录里充满了生动的破绽。下面是朱迪在讲述她前男友特拉维斯被残酷谋杀那天发生的事情：

朱迪：我们大约在1，嗯，我想说，下午1点醒来，醒来后我们做了两次爱，一次是在他的床上，一次是在他的办公楼下。

（实况报道：然后，就像以往一样，他们拿出了相机。）

朱迪：我们决定再来一次专业式拍照，嗯，就在他要去洗澡的地方，但这些是腰部以上的照片，你知道，很性感的照片。

采访者：他当时在洗澡吗？

朱迪：他当时在洗澡，嗯，水花四处喷射着，看着真的很酷，因为相片中水像是冰冻了一样。

（作者提示：在最后的陈述中，她说话的语速加快了。通过让采访者关注她照片里的水——看上去很酷，即冰冻的感觉——释放烟幕弹，让人家不再关注特拉维斯是被枪击后又被人用刀连刺27次的事实，把注意力转移到水上来，以营造出一种他们二人调情时浪漫、开心、有情调的氛围，而让人忽视她因疯狂的嫉妒愤怒，枪杀男友，让其尸体倒在浴室里的事实。烟幕告诉我们："不要关注那个，要关注这个。"）

◎ "但是"

"噢，这真的是个琐碎的请求，会暴露我的肤浅，但……"我已经在前文就这句话谈过，朱迪·阿瑞亚丝如何使用"但是"一词，故意贬低自己，希望把刑警的注意力转移到微不足道的小事上。

你曾听到过这样的表达吗——人家告诉你事情时会这么开头："我知道这听上去好疯狂，但……"或"你不会相信的，但是……"我相信你有这样的经历。事情真的很疯狂，很不可思议吗？或许是。

说话的人可能是在下意识地告诉你，事情真的很疯狂，你不该相信。问问自己为什么别人有必要告诉你你可能不相信的事情。记住：很多人都不喜欢撒谎，所以人家用这种方式可能是想告诉你，他即将跟你说的是一个谎话，至少某种程度上是不诚实的。

换句话说，这是迂回而不明朗的诚实！有的人讲故事时，总喜欢用这种迂回语。因此这可能是他们的正常行为，但如果他们的故事总有渲染，那就可能是欺骗了。总之，在你确认这是个谎言前，首先记着利用基线去判断一下。

◎ 誓言

"我对天发誓我告诉你的是事实""老天就是我的目击证人""我以母亲/父亲的坟墓发誓"……这些都是想让别人严肃看待时的誓言，而且老实人和撒谎者都会用这招，所以我们一定要学会利用基线去判断。

撒谎者会尽量试着不给采访者信息，而是尽己所能说服采访者相信他们所言属实。他们常常使用温和的誓言使自己的表述听着更有说服力，比起说真话的人，他们更可能在表述中添加"我发誓""以我的人格担保""真心的"等词语。这些语言上的破绽，属于"让人信服，而

非传达信息"的类型。

记住：撒谎者想说服我们相信谎言，而说真话的人只是传达他们的真实信息。撒谎的人的确觉得需要用空洞的誓言来支撑他们的表述，进而让大家相信他们说的任何事情，因为他们害怕事实会证明他们表述中的欺骗性。

◎ "事实上"

我爱这个词，因为它跟耸肩一样，百分百意味着不确定，不禁会让人寻思另一种百分百是什么。

如果你对我说"事实上，我是财务顾问"，那我第一反应就是"你还是什么"。如果你真的是财务顾问，你就会说："我是财务顾问。"

可事实是你觉得有必要用"事实上"来让事情变得模棱两可：或许你刚刚成为财务顾问；或许你就是做其他工作的；或许你想成为一名但还没做到（也许还没毕业）；或许你曾经是，现在不是了；或许你做的是其他工作，但决定就这么告诉人家你是财务顾问……不过需要知道，即使"事实上"总意味着有另一种意思、想法或事实，却并非总指向欺骗。

9. 开脱用语

谈到开脱用语，不妨再来看看克林顿的著名言语："我跟那个女人，莱温斯基小姐没有性关系。我从来不对任何人撒谎，一次都没有！"这句话里到处都是语言欺骗，但我打赌克林顿那时肯定以为他让自己看着相当自信、泰然自若。

你可以看到他使用了非缩略语否定（"没"变成了"没有"），使用了"从不"强化他的谎言,聪明地使用开脱语让他摆脱与谎言的关系。为什么他很清楚地知道的女人,莱温斯基小姐,忽然成了"那个女人",好像是陌生人似的?因为他想让我们认为她对他不过是陌生人而已,所以他跟她不可能有风流韵事。

可惜了,克林顿的自作聪明!人撒谎时,会放弃使用名字、头衔和称呼,或者采用模糊语,来摆脱与谎言的关系。比如,身为专业情报人员,我常常不能随意说自己当时正做的事儿,所以我就将其模糊为"工作"或"培训"。

10. 委婉语言

通过使用不明朗或委婉的语言,人们会减轻事实的残酷性和现实性。下面举一些委婉语言的例子,后面是我的逐条评论。

问题:她被谋杀时你在哪儿?
回答:她过世时我在家里。

"过世"是"死亡"的一种委婉语,比起"谋杀"来更委婉,它移除了任何谴责的可能性,因为这里就没"谋杀"。

问题:你让她未出世的孩子流产了吗?
回答:她的妊娠因小产被终止了。

"流产"是一个让人联想起丑陋画面的相当严厉的词,而"终止"则是更委婉更临床的表述,此外句子还用了被动式,这又是一种在说话

人和其行为间创造距离感的方式。

> 问题：你刺了你前男友几下？
> 回答：在我逃走之前，打了他三下。

很简单，"打"跟"刺"是两码事。审讯员试图通过强迫她使用这个词让其承认刺伤对方的事实。所以有时这只是为了让对方向自己承认某事的方式而已。有人可能会在名义上承认犯罪，不过他们可能还没意识到要为问题的严重性负责任，因此他们依旧在谈话中使用委婉语。

主播克里斯·库莫在CNN采访美国女大学生杀人嫌疑犯阿曼达·诺克斯期间[1]，阿曼达·诺克斯就持续抵抗针对她谋杀梅勒迪斯·科彻的指控。

阿曼达·诺克斯：我——（停顿）我没杀我的男朋友，我没有使用刀。

"使用"就是说明委婉语的佳例，比起"抓紧""抓住""紧握""使劲握"，甚至"握"等词，要温和很多。你可以想象一下这幅对立画面：紧握一把刀和使用刀。我打赌两者给人的感觉肯定不同，相信你会觉得紧握一把刀的人更有可能将之用在谋杀中。后面的采访中阿曼达这么说："如果我在那儿，我就会有梅勒迪斯的痕迹——（停顿）他破碎肢体的血迹。"

阿曼达在谈到梅勒迪斯的肢体时，再次使用了委婉语"破碎"。谈她男友被残忍刺杀或切开的身体时，居然用了"破碎"，表达方式是有点诡异。

---

[1] 作者注：视频详情见www.youtube.com/watch?v=J_NQKBZBsyo

11. 文本之桥

先在脑中勾勒出金门大桥[1]的样子，现在来想一下这类表述："我从马林县那侧去看了电影""我从旧金山这边回了家"，然后想象一下"然后"这个词在金门大桥上的画面，整个陈述就成了"我去看了电影，然后回家了"。

这里面，"然后"就是文本之桥，连接零碎信息，以掩饰两件事之间可能发生的其他事情，它暗示着线性的、详尽的、按时间顺序进行的叙事。

我曾提过我们多数人比较喜欢用省略的方式撒谎，因为我们没必要撒谎，悄悄地隐匿着就是了。撒谎者通常会讲出真话，恰到好处地隐藏起他们不想说的内容，然后跳过隐瞒的信息，继续讲真话。所以你要是听到文本之桥的话，就要问问自己桥上还有什么没被提及的，"然后"到底掩饰了什么。

马克·麦克利什说，"文本之桥是允许人从一个想法过渡到另一想法的词语或短语"[2]，但中间会省略掉一个想法。其他文本之桥还包括：之后、后来、一会儿后、那时、紧接着、终于、下一个、下一件事，等等。

你经常听人说的"我知道的下一件事……"就是告诉你信息中间有空缺。这并不一定意味着对方具有欺骗性，有意跳过某些信息，也可能是他们真的不知道那时还发生了什么。

比如，12岁那年，我差一点就被淹死了。那时，我正身处罗得岛米

---

[1]译者注：金门大桥跨越连接旧金山湾和太平洋的金门海峡，南端连着旧金山的北部，北端接通了加州的马林县，因此大桥有旧金山一侧和马林县一侧。

[2]作者注：www.all-about-body-language.com/mark-mcclish.html

斯夸米卡特海滩的冰冷海水中。因为长在海滨，从小，老爸就教我们几个学游泳，所以尽管我人长得瘦瘦小小，比同龄人块头要小很多，但还是会经常下水游玩。

有一天，我跟着从康涅狄格州来的表兄妹去了海滩，到那儿后，就独自下水玩了，一片片大浪花让我很开心。后来，忽然来了一个巨浪，这可彻底改写了我的故事。浪头特别特别大，我根本就无法驾驭，只能试着转向逃离。可惜拍岸浪太强悍了，而我实在太渺小，费力地挣扎后还是输给了浪头的吸引力。

我不知道怎样在浪头下潜水逃脱，抬头就看到永生难忘的巨型水墙，劈头盖脸地向我涌来。我被打到了海底，又被卷入了无尽的海浪。我告诉自己一定要放松，好让海浪把我冲到岸上。我使劲儿用手脚游动，看看自己能否到达浅水面或浮上来，唉，一切都是徒劳。

我想睁开眼确认一下自己能否看到光的来源，想确定哪一方是上方，然而还是徒劳。我都无法再屏息了，最后不得不告诉自己：你会在水下呼吸，然后溺水而死。我深吸了一口气，接下去我能记起的就是自己醒来了，脸埋在沙子里，一圈人围在我身边。

看到了吧？我用了一个文本之桥，但至今我也不知道在我深吸一口气和在海滩上醒来咳嗽之间究竟发生了什么。时至今日，我在海中还会有点呼吸急促，但我是不会让海洋扼杀我的呼吸的。

我们来看看朱迪·阿瑞亚丝在另一段采访表述中的文本之桥：

朱迪：我听到，啊，一个真的很大的，嗯，爆裂声，后来我记得我躺在浴盆旁边，特拉维斯，嗯，在尖叫。

除了所有的填充词外，她巧妙地利用了文本之桥，告诉记者："我不知道在我听到爆裂声，和发现特拉维斯严重受伤，看到两个闯入浴室的人之间发生了什么。"她暗示当时她的头部也被打了，但却从来没有直说这件事。

不管你是听人讲故事，还是在读一份告解书，只要有这11种语言破绽，那就象征可能存在欺骗。下面是一系列包含语言破绽群的问答，每个回答里都不止一个语言破绽，我将对此进行解析，告诉你怎么处理这些问题，如何提取真相。

问题：你向青少年卖毒品吗？（这是是或否的问题，只需要回答是或不是即可。）
答语1：我永远都不会那么做的！

记着："永远都不会"不是"不"的替代词，好的应对方式应该是问："你说你永远（将来时态）都不会那么做的，但你曾经（过去时）卖过毒品给青少年没？"如果对方第一次没回答你，那就再问一遍，只把答案锁定在是和不是上。

人家告诉你未来永远不会做，不代表他过去没做过，要是指过去没做过，他会说"我过去没向青少年兜售毒品"或"我过去从来没向青少年兜售过毒品"。

你或许在想，等一下，他说了"从没"，那是语言破绽！是的，的确是语言破绽，所以你得利用基线分析，看看这个人用这个词时是否诚实。同时你还得找破绽群。如果他回答时说"从没"，他可能就是在试图说服你。

所以我会重新问一遍这个问题，看看是否能得到一个确定的能表明真相的是或否的回答。在得到你需要的答案之前，一定要提问，别放

弃。有很多人往往在证明破绽群或证明真相前，就放弃了。

答语2：我已经尽我最大努力，教导青少年说毒品很不好。

我马上想起的问题是：然后呢？失败了？当他人说"我尽了最大的努力"时，是要告诉你他们在尽力做的事情上失败了。这种情况下，我才不管对方有没有竭尽全力呢，我只想知道他是否卖给青少年毒品了。再问一遍这个问题，因为他根本就没回答问题，因为，我们只需要知道他有没有卖。

答语3：我所能说的就是我从来没卖过毒品给青少年。

当有人用限定语"我所能说的"时，他们实际上只是在告诉你"我不能告诉你一切"。为什么不能告诉你？可能因为怕你控告他们或他们认识的人。因此，你需要再问一遍这个问题，因为对方没回答你。

答语4：我真的从来不跟青少年说话。

首先，我不在乎你说过没；其次，你没回答我的问题；再次，又出现了"从来不"；而且大家已经知道"真的"是撒谎者用来巩固谎言可信度的惯用手段。此外，这句话还暗示了对方有这样的潜台词：他从来不跟青少年说话，但却卖给他们毒品。

答语5：我不记得有卖过毒品给青少年。

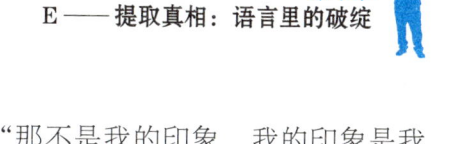

还记得克林顿说的那句话吗——"那不是我的印象，我的印象是我跟莱温斯基小姐没有性关系"？这句话里也有几处破绽。首先，他已经无法回答是或否的问题了；第二，他没有用干脆的缩略语；第三，他用"那不是我的印象"代替了直接否定。

答语5里的"我不记得"跟克林顿的话如出一辙，听着可能像是否定的特别方式，但它并不是直接否定，而是一种转移技巧。当然你必须在具体语境中分析这句话的意思。

比如，如果有人问我是否在2000年教过一名叫穆尔黑德的学生，我的答语可能就是这样的："我没印象或我不记得是否教过这个学生了。"我不可能记住14年前的学生的名字，我甚至都记不住我兄弟们的生日！但要说克林顿不记得他是否在总统办公室摸过莱温斯基小姐的胸，那别人就很难相信了。

同理，问答中卖毒品的家伙也记得他卖过毒品给青少年，所以他依旧没回答你的问题。你要做的就是再问他，试着把措辞改成这种："你卖毒品给青少年了吗，有还是没有？"

这个家伙此时就无路可走了，如果他还是拒绝直接回答，依然在跟你绕弯子，那他八成是在骗你。（更多关于是或否问题的告诫，请看我在这部分结尾中写的个人经历：我以控方证人的身份参加了传审，被迫做不利于拘留犯的证人。）

答语6：你知道我不能卖给青少年毒品的。

"你知道"这个用法经常让我觉得太好笑了。不，我不知道，我不知道你的任何事情，不知道你做过什么，这才是我首先问你的原因！我会再问一遍这个问题："你有没有卖给青少年毒品，有还是没有？"

答语7：明显我不会卖给青少年毒品。

"明显"其实跟"你知道"的效果差不多。这种情况下，我会问："为什么你不会卖给他们毒品是明显的事实呢？对我就不明显。"然后我就再问一遍这个是或否的问题："你有没有卖给青少年毒品，有还是没有？"这样，你就可以观察对方是否用缩略语回答了。

现在我来讲讲自己的个人经历。几年前，我参与了关塔那摩的工作，曾在军事法庭上被辩护律师反复盘问。这里我不能分享所有问题的细节和我提供的信息，但可以谈谈这个：辩护律师问了我是或否的问题，而我在法庭上拒绝回答，就用了叙述性的回答，因为那的确是诱导性问题。

如果我答了是，那我就会受到不实的控告，如果我回答不是，那我就会在其他事情上受到不实的控告。哈哈，我在盘问上是个专家，才不会被他设置的诱导性问题困住。我拒绝直接回答是或否激怒了辩护律师和法官，法官气得猛摔了法槌，要求知道我为什么不能如实回答。

我告诉他这个问题是诱导性问题，我不能被骗入不实承认的陷阱。他命令负责人将问题从记录中划掉，告诉律师重新措辞。律师被惹急了，但我还是坚持了自己的立场。事实上，一个报纸的作者把我"坚持了自己的立场"写成了我"与辩护律师发生了激烈的争吵"。没错，我想，不要惹毛了审讯员！

之所以给大家分享这个，是因为有些是或否的问题会让人掉进不实承认的陷阱。所以一定要正确阐述你的问题，消除任何可能的歧义与模糊。如果人家觉得你的是或否问题会让其陷入不实承认的境地，那他们就会不予回答。

下面是另外一个用以说明语言破绽的模拟问答例子：

问题：你如实回答我的问题了吗？
答语1：我相信是的。

怎么不直接用是或否回答？"相信"是无明确意义的词。其他类似的词还有"想""猜""以为""认为""假定"。解决方法是再问一遍。

答语2：我对天发誓我告诉你的是实话。

又来了，是或否在哪儿呢？前面已经说过撒谎的人会利用温和的誓言让他们的回答更有说服力，较之说真话的人，撒谎者更可能在他们的表述里用上这类言语："我发誓""以我的人格担保""老天就是我的证人""真心话"……

但讲真话的证人更自信啊，因为事实会证明他们的表述，所以他们就会觉得没必要用誓言支撑自己的表述。记住用基线衡量的方法，因为对有的人而言，这些话就是口头禅。

……

现在你对各种各样的语言破绽有了很好的处理方式，那么就该继续深入，看如何获得真相了。

在我们进入盘问技巧之前（其实前面几个问题已有所涉及），你得有所准备，为你认为对你撒谎的家伙营造舒适的环境，让他想告诉你真

相。做到这点的方法就是让他的自豪感和自尊心膨胀那么一点点，这样也有利于建立良好关系。下文的第三步就是讲这些的——利用膨胀的自豪感和自尊心，也就是詹妮·德赖弗所称的"赋予积极特质"。

第三步：利用膨胀的自豪感和自尊心

这是我做军审员时用的技巧，至今在日常生活中，我为使他人自我感觉良好也仍在用。有时我很诚恳，真的认为人家做得有价值，而有时我不过是为了得到我想要的东西：合作、积极的态度、信息、利益……哈哈，是不是听上去觉得我是个可怕的人？对家人朋友我是不会这么做的！

我更多的是利用它逃避超速罚单；安抚工作中性格偏执的人，保持和谐的工作环境；鼓励朋友和同事抓住机会，开始他们自己的事业或写自己的书。这些事可不算坏事或恶事。噢，或许逃避超速罚单有点自私吧，不过肯定也不算十恶不赦的事儿。

我更多的是利用膨胀的自豪感和自尊心去激励别人告诉我真相。比如，如果在提取真相之前，你告诉一个嫌疑分子，说你知道她诚实正直，做了正确的选择，关心别人，而且因做了正确的事而受人敬仰、尊重，她就更有可能会告诉你事实。

研究表明，接受测谎或出席法庭的人，"发誓说的全是实话，除了实话还是实话"的人，会更有可能告诉你真相，因为他们已经准备好面对测谎仪和誓言了。

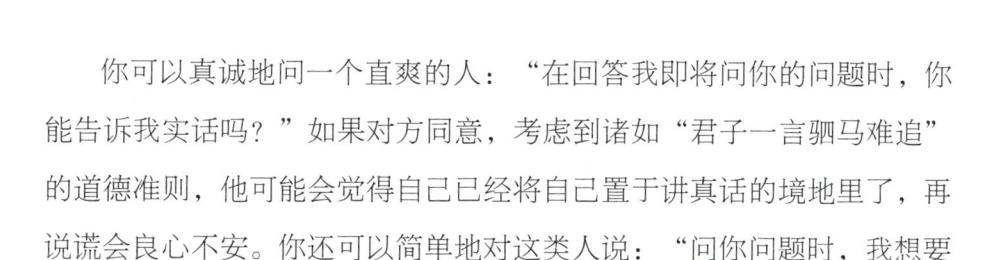

你可以真诚地问一个直爽的人："在回答我即将问你的问题时，你能告诉我实话吗？"如果对方同意，考虑到诸如"君子一言驷马难追"的道德准则，他可能会觉得自己已经将自己置于讲真话的境地里了，再说谎会良心不安。你还可以简单地对这类人说："问你问题时，我想要你诚实作答。"

下面是我如何在拘留犯身上运用膨胀的自豪感和自尊心的事例。我会告诉他们，"我知道你信仰你的信仰，我也会为此而尊重你"，或"我听说你的奉献精神和诚实是其他一起参与的伙伴所无法企及的，即使我觉得这不是件正确的事"。

我这么说的时候，会发现他们的自豪感和自尊心就在我眼前膨胀：他们会坐得更直，挺胸抬头。简言之，他们会开始看着更自信，感觉更有信心。但这招最妙的就是会让他们感觉，好像一定得向我证明他们是多么有奉献精神、多么诚实多么好才行似的，即使这意味着他们必须得告诉我可定罪的材料，而这可能会让他们受到终身监禁。

审讯结束后，我会感谢他们对我如此诚实，告诉他们，他们应该为自己感到骄傲，因为他们是如此正直。利用这招我获得了很多信息。令人惊喜的是，即使他们前途无望，但告诉我事实后，他们仍能满怀自豪地走出审讯室。所以相信我，这招绝对管用！

每个人都想有自豪感和自尊心，不管他们之前做了些什么。因此，当你开始使用我所讲授的提问技巧时，请先利用膨胀的自豪感和自尊心。

第四步：战术提问

提问恰当的问题

你认为自己问的问题合适吗？好好想想你的答语，然后在读完我马上要教你的提问艺术（这可是我的拿手好戏）后，再问自己一遍。最后一步就是获取真相了，我会跟大家分享八类合适的问题。

第一，问叙述性的问题，获得叙述性的回答

如果你想得到叙述性的信息，那必须要问叙述性的问题。叙述性问题通常有六个核心：时间、地点、人物、事件、原因和方式。避免模糊的叙述性问题。要想得到具体的细节，你就需要问具体的问题。

例如，你想知道某人做了什么，拿个具体的例子来说，你的目击证人在火灾现场，你就不能问他："你看见了什么？"虽然是叙述性问题没错，但太含糊了。对方可能会这么回答你："我看见人站在周围。"这有什么用呢？

所以为了得到相关信息，并且不浪费任何人的时间，你的问题必须要具体些："18:40，你说你到了火灾现场，你看到了几个人？"如果你想知道他有没有跟火灾现场的人说话，你就不能问得那么直截了当，这会给他留下避实就虚的余地。

相反，你要假定他跟人说话了，只问他："别人对你说什么了？"若他没跟任何人说话，他就会直接告诉你，你就省去了问两个问题的时间，一箭双雕，一个问题套出两个答案。

任何把审讯或采访当成工作的一部分的人，都知道时间从不会绰绰有余，省几秒时间，用一个问题得到两个问题的答案，比起问两个问题来要重要很多。所以假定，你想知道某人是否有孩子的话，不要问人家："你有孩子吗？"就假定他有，直接问他有几个孩子。如果一个没有，他当然就会告诉你他没有孩子。

第二，小心地问是或否的问题

我上面给了你许多是或否的问题以及它们该怎么使用的例子。只在检测是否真实时才用是或否的问题，万不可把它们当支柱使用，或犯下重复问人家一个问题的错误！

这是蹩脚的提问技巧，因为你不问叙事性的问题，就不会得到更详尽的信息。问对方是或否的问题时，你要保证能在三次尝试范围之内，得到是或否的回答。如果没有，你就要明白那家伙是在逃避问题，可能隐瞒了一些事情。

第三，问"真的吗？"

我喜欢只有一个词语的问题，做军审员时我经常使用，但这招要求你有耐心。这个方法还是有效的，因为对话中的沉默让多数人觉得不太舒服，他们会更倾向于打破沉默，让对话进行下去。

问"真的吗？"，会鼓励对方在你问都不用问的情况下提供更多信息，酷吧？特别是关系和感情都处于微妙平衡的状态，人家仍没确定是否足够喜欢你或信任你，能把信息泄露给你，而你并不想旁敲侧击时，用这个办法实在太管用了。

如果沉默让你不舒服，那你就要有耐心。你不能成为打破沉默的那个人！只管问你的问题，等待回答。如果做不到，你的问题就会变质，

让你看着好像优柔寡断似的。等待回答其实是释放了一种你掌控着局面的信号，哪怕要在沉默中等三四分钟，你也要等对方详细阐述。

你怀疑某人撒谎时，这招也十分管用。此外，它还能给对方机会补充或修改自己先前的陈述，而免于之后变卦或太丢面子："嗯，或许它发生时并不像我说的那样"或"现在我想好了，事情是这样的"。

第四，问"那件事让你有什么感受？"

我提过，撒谎者不会考虑他们在谎言中该有的感觉。如果你问别人某件事让他觉得怎么样时，他若没做过、没看到过、没经历过、没感受过的话，那他是不会联想到这事给他的自然感受的。此时，你可能会看到对方口吃和故意拖延时间的样子。让撒谎的人感受虚假的情感是很难的，所以他们想到的答案都不是太有说服力。

比如，我们假定你儿子萨姆从学校回到家，胳膊挂彩了，他沮丧至极，一句话都不说。你问他怎么了，最后发现学校里的另一个男孩帕特里克欺负他了。你、你儿子、帕特里克和他妈妈后来在校长办公室见面了。

帕特里克反复告诉他妈妈，他不是打萨姆的那个人，声称是另外一个叫汤米的同学打的。此时，他说的跟萨姆说的根本就不一样，而且没有目击者。在这种假设下，调停者，可能是校长，就应该问帕特里克："当汤米欺负萨姆、打他时，你是什么感觉呢？"

如果帕特里克说他不知道，那校长就抓住他的破绽了，但仍然需要他使真相进一步暴露。如果帕特里克犹犹豫豫、局促不安，明显是在想他该有什么感受，这同样问到了点子上，不过还要继续直追事实。

如果帕特里克说："这让我觉得很糟糕。"校长就需要回头问他："真的吗？"然后进一步问他"为什么会觉得很糟糕呢，帕特里克？"

或"为什么你不阻止汤米呢？"让帕特里克在你控诉他前，自己揭示自己的过错，因为如果你控诉帕特里克欺负人的话，他妈妈会立马关闭对话的大门。保持问非指责性的、叙述性的问题，直到打碎帕特里克抗拒讲真话的意愿。

第五，使用后续问题充分获得信息

仔细听，分析人们答语中的每个词，追踪他们告诉你的所有话题，提取所有的细节。记住这句老话：动用所有的动词，定义所有的名词。

如果我告诉你今晚我要去看电影，那你就要充分利用动词"去"，定义名词"电影"和"今晚"。我要怎么去，开车，步行，坐列车？到那儿要花多长时间？跟谁一起去？什么时候去？为什么去？要看什么电影？电影院在哪里？你还可以问"还有什么？""还有其他事吗？""还有其他人吗？""还去其他地方吗？""还有别的时间吗？""用其他方式怎么样？"……以此开发你得到的信息，获得所有的细节。

比如，假设你问我："你要跟谁一起去？"我回答说："艾丽萨。"难道我就只跟艾丽萨一人同去吗？或许还会有其他的人。为了得到更详尽的信息，你得问后续问题："同去的还有其他人吗？"直到听我说"没有其他人了"，才算完全展开了我跟谁去的问题。

坦诚的人或许会直接说："我要跟艾丽萨、戴安娜和克里斯蒂一起去。"但骗子会让你为得到完整答案而绞尽脑汁，就像那些拘留犯对我做的一样。我们有两只耳朵，一张嘴巴，所以聆听比说话多一倍是有道理的。

在审讯员的世界，比起说话，我们更多时候是在心无旁骛地听，因为要听细节，听语言破绽，以便开展后续问题。

第六，问两遍同样的问题

这是个简单的询问技巧，在核实所获信息的真实性和准确性上可以经常使用该技巧。假定你问对方："你第一次发现枪丢失时是在什么时候？"他回答说："我今早进行安全检查时发现的。"若你认为有不符之处，那10或15分钟之后，再问一遍同样的问题，利用时间线和你的提问技巧，充分探索矛盾之处。

嫌疑分子或许有正当理由这么做，即合法犯错，今早是出于某种原因才做了那样的解释，或许他就是撒谎了，已记不起谎言的细节了。不要责难对方，在你们的关系被破坏之前，在他关闭对话的大门之前，好好利用这本书中讲到的技巧吧！

第七，问准绳问题

明知受测人会说谎或很可能说谎时，就用准绳问题，它与主题问题相似，能给受测人造成心理压力，比重复问题要复杂那么一点，但在核实所获信息的真实性和准确性时，还是非常有用的。

还拿上个丢枪事件为例，在嫌疑分子告诉你"我今早进行安全检查时发现的"后，不用重复问题来检测答语的真实性，稍微改变一下信息，重新措辞提问，比如可以这样问："你第一次发现枪消失是你在昨晚进行安全检查时，对吗？"

这是是或否的问题，如果嫌疑分子是诚实的，他会察觉你改变其答语的事实，纠正你的错误。如果他没能发现不一致性，可能就存在撒谎嫌疑了，当然不排除他只是没留意你的问题才这样应答的。你需要排查一下，看看是哪种情况。

第八，问不相关的问题

或许你会想为什么要问不相关的问题，难道这本书的全部目的不是教你如何提取真实的相关信息吗？是的，但另一个目的，我在引言中提到过，就是教你如何在保持良好关系的情况下提取真相，这招就是为此而生的。

当你开始观察到对方肢体语言的异常时，尤其是她渐渐在身体上疏远你时，你需要减少她的压力和紧张度，把她带回到一个更放松的心境中，而问不相关的问题就是一个好方法。问些让她觉得舒服的话题，即使你都快到让她招供的份儿上了，她要是关闭了对话的大门，你也照样没辙。

相信我，因为这是经验之谈。花时间让她放松，她才能再次镇定下来。人放松时，觉得有信任感时才会招供忏悔。你可以问问她的家庭、她最喜欢的运动或兴趣爱好，或者她喜欢看什么电视节目，喜欢听什么广播。总之就是要让她觉得舒服，能继续谈话。在她感觉更放松后，你就可以回到你的相关问题了，但一定要巧妙为之。对话通常会让情绪起伏不定，你必须得顺其自然。

目前，你有八大可靠的提问技巧可以用来辨识谎言，现在你还需要知道三种应避免问的问题，因为这些问题只会挫败你和被问的人，阻止你获得详细具体的信息。

总要避免问的问题

第一，不要问诱导性问题

诱导性问题会让你通过某种措辞得到想要的答案，却不一定是真实的答案。律师总是用这种问题，因为很有效。

我在军事法庭的听证席上时，辩护律师就问了我一个诱导性问题："在我当事人的文化中，人们对女性的认知和在美国人们对女性的认知是不同的，难道不是真的吗？"我说了是，但那个词刚从我口中吐出，我就想将它收回去。

他抓住我的回答了。他就是要引导我回答是，让法官觉得我知道我的女性身份让拘留犯不舒服了，而事实并非如此。辩护律师自然欢呼雀跃，说："没其他问题了，法官大人。"我对自己十分恼火，估计那就是后来他每一次问我诱导性问题时，我跟他争论的原因。

或许你想听到的信息并不一定是真实的信息。如果你不是律师，不要用诱导性问题。如果你就在听证席上，不要成为诱导性问题的受害者。拒绝回答是或否，讲清楚为什么：这是诱导性问题，律师是要引导你说出她想听到的信息（对不住了，律师们——你们的秘密我给泄露了！）。

第二，别问混合问题

一次就问一个问题！如果一次问两个问题，你会错过重要的信息，骗子都喜欢让人家问他混合问题，因为这样提问者会放弃一些信息，这也是正好让骗子避答问题的提问方式。

假定你问雇员："谢里尔，抽屉里怎么少了100美元啊？今天有其他人做登记吗？"如果谢里尔从抽屉里拿了100美元，她就会只回答你的一个问题，希望你忘记另一个问题，然后回头再问其他人。

给自己省掉这等麻烦吧，干脆就不要问人家混合问题。无论你是采访者、审讯员还是质问者，问混合问题都会让你看着很蠢。你不想让嫌疑分子控制谈话吧？回头看看拉里·金对拉姆齐夫妇的采访，瞧他问了几个混合问题，结果只得到了一个问题的答案。

第三，不要问模糊的问题

前面我已经谈过这个了，所以这里只计划留给你一句老话：如果你问的是模糊的问题，那你得到的将是模糊的答语。

阿杰马勒（出于安全原因，为化名）是一名巴基斯坦的拘留犯。我跟他建立了很不错的关系，有天他甚至邀请我去巴基斯坦见他的家人。他知道阿富汗一个秘密的地下塔利班训练营的位置信息，并详细地告诉了我具体的位置所在，甚至还在我带进去的地图上辨识了出来。

他对我说他会告诉我除了负责人之外，其他所有我想知道的事情。哇，好大的挑战！我同意了，一边告诉他我很感谢他给我的信息，让我能在不知负责人是谁的情况下保住性命，一边对自己露齿而笑，心想到那时你就会告诉我的，甚至告诉我时你都意识不到。

阿杰马勒喜欢抽烟，所以每次审讯开始时我都会让他抽根烟歇息会儿，对此他很感激。口译员和我会离开审判隔间也休息一会儿，因为我讨厌烟味。我的计划是通过有技巧地控制对话，适时插入合适的问题，诱使阿杰马勒告诉我谁单独负责营地。

这是个简单的计划，但实施起来并不容易。阿杰马勒需要足够放松，卸下他的警备心，忘记他不想告诉我的信息。那意味着我必须得不谈及这条信息，贬低它的重要性。如果信息被提出来了，也不能流露出开心、轻视或惊喜的微表情。

我对口译员简要说了我将诱使阿杰马勒告诉我营地负责人的计划，他也表示赞同，并渴望与我一起演下去。阿杰马勒抽完烟了，我们进去继续审问。3小时不着边际的问话后，阿杰马勒哈哈大笑起来，彻底放松了，我就插入了一个准绳问题。

我说："阿布杜拉负责训练营时，他一次性负责训练多少士兵

啊？"阿杰马勒回答说："阿布杜拉不负责营地，阿卜杜拉·拉赫曼才负责，训练的话，每次是50到200士兵不等。"然后是沉默，我们三人都互相看对方（我们是情不自禁——这次计划成功了），阿杰马勒一脸迷茫。忽然他震惊地捂住了自己的嘴，眼睛顿时睁大，他意识到自己的把柄被捉到了。

我告诉他我并不想骗他，但我真的很需要那条信息。知道如何插入一个有完美措辞的问题是成功提取真相的关键。我在他毫无警觉的情况下得知那个名字，虽然花了3个小时，真的耗尽心神，但最终花的每一分钟都是值得的。

恭喜你！至此你已经学完了辨识欺骗获得真相的五步法，现在就开始拿来实战吧！

第十一章

解读肢体语言技巧大盘点

◎请记得在测谎时使用三条黄金法则：划定基线，寻找破绽群，注意情境。

◎克服无意盲视和主观臆断。

◎三种谎言：虚假陈述、添油加醋和隐而不报。

◎两种类型的撒谎者：普通小骗子和专业撒谎家。

◎成为专业撒谎家的四大秘诀。

◎解读肢体语言并提取真相的五步法。

第十一章
解读肢体语言技巧大盘点   225

这章将为你提供解读肢体语言的五步法及测谎的快速指南,只管尽情练习和使用吧!

你并不会读心术

为成功做好准备,不要让自己沦为肢体语言迷思的受害者。

▶▶ 请记得在测谎时使用三条黄金法则:划定基线,寻找破绽群,注意情境。

▶▶ 克服无意盲视:我们往往会忽略我们不想看到的东西。所以无

论是为了建立良好融洽的关系，映射个性特征，还是测谎，在解读肢体语言前，你必须抛开一切偏见、偏颇和主观臆断。如果你提前进行了假想，那么你就会不自觉地将自己的主观臆断转化成实际上并不存在的"事实"。

▶▶ 多少次，你丢了东西，假想它就在某处，然后连续几天在那里找，却没有找到？又有多少次，你以为你的亲友处事不当，不会有好结果，而与他们发生了争吵？请先收集事实和证据吧，不要再主观臆断啦，它只会误导你，蒙蔽你，让你看不到真相！也尝试着给他人多一些信任吧，因为如果你不相信别人，即使他再真诚，你也会认为他在撒谎，你只会看到谎言无处不在！

谎之入门知识

三种谎言：虚假陈述、添油加醋和隐而不报。

两种类型的撒谎者：普通小骗子和专业撒谎家。

成为专业撒谎家的四大秘诀：

第一，表现出自信；

第二，提防细节中的恶魔：细节决定撒谎成功与否；

第三，做好计划，准备万全；

第四，肢体语言表现出一致性。

解读肢体语言五步法

（做肢体语言专家，做规则外的反叛者。）

1. R——放松

请记住：知之为知之，不知为不知，不要假装聪明。信心并非因为知晓万物和从不犯错而产生，它来源于从失误中获得的经验和教训。

采取能量姿势和腹式呼吸。以下几种能量姿势可以让你看起来充满自信，也能让你自己感受到自信的蓬勃：

▶▶ 像超人或神奇女侠一样站立；

▶▶ 尖塔式手势（篮球塔、低塔、教堂塔和手枪塔）；

▶▶ 约瑟坐姿；

▶▶ 大猩猩姿势；

▶▶ 希特勒式手姿（迫不得已时的一种选择）；

▶▶ 显示拇指的力量；

▶▶ 把手露出来；

▶▶ 以手撑地或倒立。

2. E——建立良好关系

10种建立良好关系的技巧

①微笑；

②小心地碰触别人；

③跟别人分享你的事情（等价交换）；

④谨慎地映射和匹配肢体语言；

⑤尊重他人；

⑥使用开放性的肢体语言；

⑦暂时搁置起你的自我；

⑧得体地恭维赞美别人；

⑨慢慢讲，细细听；

⑩让别人继续说话，同时进行位移。

提高人际交流沟通技巧的5个贴士

①注意情绪管理，有时候我们是对角色讲话，而不是一个人，所以不要太感情用事；

②求同存异；

③避免无意盲视；

④给他人带来积极影响；

⑤别怕做"学生"。

性格偏好

像他人一样谈话和动作，这样可以让他们觉得更舒服。我们要学会映射和匹配个性偏好。

▶▶外向VS内向：这种分类法是按照人们偏好获得能量的方式来进行性格划分的。外向的人可以从活动中和他人身上获得能量；而内向的人则通过独处或与几个亲密的朋友共处在安静的环境里获得能量。

▶▶直觉VS感觉：这种分类法是按照人们理解信息的方式来划分人群的。直觉类的人在完成任务时，会先将任务概念化并预测未来的结果，再将完成大任务的过程细化，逐一完成小任务，以实现最终目标；感觉类的人则偏向先制定规则和流程，然后再来弄清任务的概念。

▶▶ 思考VS情感：这种分类法是按照人们对决定方式的喜好来划分人群的。如果你清楚地意识到，在做决定之前已经经过深思熟虑，结果依然可能会使他人失望，在告知他人结果时就要采取恰当措施，以免被人认为为人冷漠、麻木不仁或绝情。

▶▶ 判断VS感知：该分类法根据人们如何组织自己的世界来划分人群。判断型的人习惯按计划完成事情，喜欢了结任务，在期限和指导下，他们能获得最好的工作体验。与判断者不同，感知者总是等到最后一分钟才做出决定，他们喜欢保持有选择权的状态，对于新的思想和变化持开放的态度，所以他们比判断者更加灵活。

3. B——基线

通过与人们交谈几分钟的方式来了解人们正常的举止和说话方式，以便为他们划定基线。确保在划基线的时候，你的观察对象处于放松、平静的状态。之后再问相关问题，或转向更重要的话题，来观察发现其表现与基线行为的偏离。一定要寻找破绽群（至少有三个破绽），并了解信息传达的情境和背景，即观察对象是否生病，感到害怕，感到震惊，是否正在服用药物，是否患有身体或精神疾病等。

4. L——寻找偏离

观察身体，发现行为不一致性

①人类情绪与面部泄密：人类的基本情绪包括愤怒、恐惧、厌恶、惊讶、快乐、悲伤和轻蔑；寻找类似欺骗快感的微表情（面部泄密）。

②头：在观察对象回答是或否的时候，观察其是否存在行为不一致，肢体语言与口头语言是否匹配一致。

③撒谎的眼睛：

▶▶ 眼神交流：一些说谎的人会盯着你看；也有些说谎的人眼神游离，避免目光接触。这两种情况都可能成为谎言的暗示。

▶▶ 快速眨眼是压力和焦虑导致的眼睛干涩所引起的生理反应。

▶▶ 延缓眨眼可能暗示着强烈的情绪，集中的注意力，或谎言。

▶▶ 使用NLP及葛瑞德与班德勒的眼球线索判断图：

▶ 眼球向上移动的是视觉，向左上方看是回忆信息；向右上方看是创建信息。

▶ 眼球平视移动的是听觉，向左看是回忆信息；向右看是创建信息。

▶ 眼球向左下方移动对应的是动觉，感觉由回忆和创建信息叠加而来；眼球向右下方移动则表示在进行内心对话。

▶ 使用NLP测谎，必须先确立基线，然后再观察眼球的运动方向以确定具体的类型。快速确定基线的办法——问他美国国歌第五个词是什么。

④嘴巴：用力吞咽是人面对焦虑和压力时产生的生理反应；当人觉得不舒服或生气时，会下意识地抿嘴巴。

⑤手：

▶▶ 藏手，其实藏的是情绪。

▶▶ 握紧的手掌表示不信任，也意味着隐藏某类情绪、想法或自身。

▶▶ 手放在头部（脸、颈、额头）暗示有压力或不信任。

▶▶ 手放在嘴巴上：反对、深思、内心对话或欺骗。

▶▶ 手放在下巴上：权力、厌倦、沉思。

▶▶ 手放在脖子上：撒谎或缓解对方带来的压力。

▶▶挠头：深思、困惑、不信任。

⑥表示不确定的七种迹象：

第一，耸肩；

第二，身体收紧；

第三，无花果叶站姿；

第四，自我心理安慰；

第五，后退；

第六，肢体变化；

第七，"匹诺曹"效应：鼻子发痒或许是说谎的表征。

5. E——提取真相

提取真相四步法：

第一步，划定时间线：通过分析时间线获得所有细节，将编造的故事粉碎。

第二步：寻找口头禅或撒谎的马脚。
①使用产生距离感的代词（不使用"我"或"我的"）；
②动词时态变化；
③使用非缩写的否定词（如不将"没有"缩写为"没"）；
④不直接回答是或否，或回避问题；
⑤使用"绝不/从不"代替"否/不是"；
⑥使用拖延技巧：用问题回答问题，重复问题或使用填充词（如嗯、啊、哦等）；

⑦迂回式陈述：多使用"虽然……但是……"之类的转折句，赌咒发誓，使用"事实上"等副词；

⑧拉开距离的开脱用语；

⑨委婉性语言；

⑩承上启下的文本之桥。

第三步：利用对方膨胀的自豪感和自尊心，告诉他们你认为他们是多么诚实坦诚的人，那么他们就会对你以诚相待。

第四步：战术提问

提问恰当的问题：

①通过叙述性问句获得叙述性答案；

②谨慎使用是或否的问题；

③使用"真的吗？"；

④询问"那件事让你有什么感受？"；

⑤使用后续问句来充分获得信息；

⑥问两遍同样的问题；

⑦问准绳问题；

⑧问与主题不相关的问题。

避免问的三种问题：

①诱导性问题；

②混合问题；

③模糊不清的问题。

后　记

　　不知你是否听过骗局受害者的事儿？这事刚在我身上发生过，想跟大家分享一下，原因有二：其一，这是我写此书的佳例；其二，如果你恰巧接到了这样的电话，希望你能引以为鉴，避免成为网络钓鱼的受害者。

　　有一天，我收到一条自动电话留言："我们试图联系你。请联系美国国税局，了解针对你的索赔申请。请致电202-657-5115咨询你的案件。"

　　最初听到此信息，我有点慌神，后来我很生气，因为我向来都是好公民，按时交税，甚至很多年还因预交太多而收到退款。不管怎样，我还是拨了那个号码，一个有外国口音的男人接了电话，我问道："是美国国税局吗？"

他记录了我的名字和地址，然后告诉我：从2008年到2012年，我交的税中有问题。他声称他们已经给我发了无数通知，但因为我一直都没回复，一个官员才准备逮捕我，而我所有的资产将受留置权限制，银行账号也会被冻结。

我马上就知道事情有点不对头，立刻还击了回去："我爸爸是注册会计师，每年国税局都要给我返利。麻烦你给我提供一下所有通知的日期、送达的地点，因为我根本就没收到任何通知！"他们难道敢威胁我吗？！我寻思着。那个家伙就开始威胁我了，听上去就像在读面前的剧本一样，我开始怀疑他说的一切了。

必须得承认，我对他用了点罗得岛手段（如果你从没让来自罗得岛的意大利人抓狂过，真是太幸运了。因为我们生气时，会像罗马烟火筒一样火爆）。电话那端的他开始摸不着头脑了，他不知道自己在跟谁打交道，他说："小姐，你要淡定，你不能对国税局的官员这么讲话。"

"啊，我当然能，"我不客气地说，"再告诉你一遍，我需要这所谓通知的全部证据，告诉我第一个通知发出的日期以及送达的地址。"他又开始读那个台词了，但我打断了他，"别再读你的烂剧本，回答我的问题！何时何地送的这些通知？"

这下子，他开始慌了，说话都笨了起来。一段长长的沉默后，他说他去找一下负责人，我只好接着等。所谓的负责人拿过电话后，也操着外国口音说："小姐，所有通知都送到你账单上的地址了。""好，那地址到底是什么？"我想他可能会在沉默后挂断。

挂了电话，我打给老爸，他不在家，妈妈接的电话，我告诉她方才发生的事。她说："不可能，这是骗局。"她查了查号码，发现这是马里兰州的手机号，我告诉妈妈一会儿再打给她，然后就又给所谓的国税局职员打了电话，他以很职业的语气说道："我是美国国税局某某官员。"我都禁不住笑了起来。

"你好,我是刚才的那位小姐,"我微笑着说,"请给我拼写一下你的姓名,然后我就把你的名字和号码告诉注册会计师,让他通过电话跟你谈谈税务问题。"

那边沉默得更久了,我说:"除了想得到以上信息,我还想让你知道我已经报告主管部门,拨打过国税局网络钓鱼诈骗热线了。"

我听对方说道:"什……什么?啊——"

我直接打断他说:"你这等小小骗局到此为止吧!"随即挂了电话。

我真的报告了国税局,希望他们能追踪这些罪犯。他们居然浪费了我20分钟时间,还导致我血压上升,本来就不该有人经历这等事,我真不想有其他人上当受骗,给这群骗子钱。

我保证你用了我的方法后,不会成为任何骗局的受害者。如今你读完这本书了,知道如何放松、获得自信、坚定自己的立场,知道怎么建立良好关系,知道为建立基线行为该听什么、找什么,也知道怎么从基线中寻找异常和破绽了,最后,你还知道如何利用询问技巧获得真相。

我肯定会勇敢地面对这群讨厌的家伙,即使建立不了良好关系,哼,我也不在乎他们是否喜欢我!那家伙的基线就是照读台词,对台词之外的问题根本没做回复。他的异常包括:无力回答我的问题;搪塞;笨口拙舌;让我等候接听的时间太长;我一愤怒他就慌张,声音跟最初接电话告诉我我会被逮捕、资产会被冻结时的镇定权威完全不一样了;最后让他提供通知的证据时,他也没做到。当然最关键的异常还是他不情愿告诉我他的名字。哈哈,他们根本就不知道国税局严格意义上是什么吧?

我做事通常都有目的,谈话带有目的(提取真相),用具体词有目的(为了映射/匹配,跟人家建立共同点),利用肢体语言也有目的(为了建立良好关系,让自己看上去、感觉上有信心),甚至把这本书设计

成11章还有目的。

  我故意选择这个数字，是因为11是我生命里的一个重要数字。我公司商标里的一部分就是11，它代表直觉、意识，以及有待挖掘的智慧（这个数字还是构成我在关塔那摩那段经历的必不可少的部分，可惜我不能告诉大家为什么）。

  希望你读完这11章后，学到的这些技巧能在以下几方面起到作用：挖掘深藏的信心；建立良好关系；加强人际交流；赢得人心；获取尊重和信任；解读直觉和肢体语言；辨别语言和非语言欺骗，获得真相；做成其他任何有益你个人生活和职业生涯的事。

  我真心希望你能像我喜欢写这本书一样喜欢它，希望你所有的努力都能换来成功，希望提供给你的新工具能帮你达成所有目标和抱负。我知道你能行；我自己也一直都在用这些技巧，所以将这本书献给大家。

致以最真诚的谢意
丽娜·西斯科

作者简介

丽娜·西斯科是美国国防部前军审员，2002年在古巴关塔那摩监狱工作，曾用她的审讯和谎言识别技巧，在全球反恐战争时期，对基地组织和塔利班成员进行了成功的审讯。

丽娜取得了布朗大学的艺术和考古硕士学位，并以考古学家的身份参与过海外发掘工作。她是前海军情报官，自2003年起，开始对国防部相关人员进行一系列培训，包括谎言辨识、行为一致、诱导技巧、审讯方法、策略性盘问、面试战略、跨文化交流和战俘心理等方面的训练。同时她也跟口译员相互配合，进行现场调查。

她是The Congruency Group公司的董事长和共同创始人，华盛顿肢体语言研究所的资深讲师。其公司格言为："动身，改变思想；识身，影响四方。"

除了培训个人和组织借助先进的提问技巧，来识别谎言获得真相外，丽娜还教授肢体语言科学、促进沟通交流的技巧，以及建立良好关系的艺术。她的目标是帮助人们加强人际交往能力，使他们处于个人生活和职业生涯的最前沿。

作为一个受欢迎的主讲人，丽娜还以肢体语言专家的身份，在德鲁博士头条新闻网和Twist时尚网站上亮过相。她培训过小企业家、纵火案调查员、审计员、小儿牙科医生和特种部队成员。

丽娜出生在罗得岛，她希望尽快回到那里帮助父母管理他们刚买下的马场。她很喜欢动物，是美国动物园和水族馆协会的动物饲养员助手和动物保护者。

丽娜相信她已经实现了她想要在生活中扮演的两种角色：考古学家（儿时的梦想）和审讯员。她希望她的第三种角色是动物训练员。在那之前，她将继续忙于她的另外两项爱好：写作和教学。

致谢

这是我的首部出版作——但愿也是一系列出版作的滥觞——在此我要感谢所有让这些变成可能的人。你们的鼓励、帮助、友爱与支持给我提供了无法言喻的动力!

首先,我要向我的父母,比尔和罗丝安,致以最深的感谢。从我差点被退学到从布朗大学毕业,从学习考古学到加入军队,从追求加州梦到鏖战华府,再到最后定居弗吉尼亚海滩,你们自始至终都在支持我的行动。

或许我并非每次都选择了最恰当的道路,但我一直都清楚自己在朝着成功的方向迈进,你们也一样。对你们的倾心付出,我永远报答不尽。你们是我最好最棒的父母!

感谢我那个超级铁杆粉丝一如既往的信任,在艰难的时刻从来不曾让

我沉沦下去。你就是我的擎天柱,希望在未来的日子里,我也能扮演好你现在的角色,南希·朱尔!

感谢我的弟弟克里斯容忍了我的种种要求,特别是在建立网站时!我欠你很多很多很多,克里斯!

感谢我其他了不起的、有趣的、最亲近的家人:吉米、吉尔、卡蒂和克里斯蒂娜。你们从来就不需要用能量姿势建立自信,因为你们天生就携带着满满的信心。卡蒂、吉尔,我们来跳支舞吧!

最特别的感谢要给你,詹妮·德赖弗。你对我的影响十分深刻,让我觉得一切皆有可能。正是你和身体语言研究中心促成了现在的我。你总是信任我,有时比我自己还信任我。感谢你们的敦促,对你的指导我将永远心怀感激。同样感谢詹妮的姐姐克里·司拓璐,你这个"一劳永逸"式的家伙,我还真是打心眼里感谢!

感谢你,布尔度格·奥克莱尔,我一级棒的模特,你的真实让我尤其感动,勃然焕发的正能量也总能让我给生活一个热情的拥抱。抱抱,么么哒!感谢你们,吉娜和克里斯,作为模特,你们的俊美面孔实在帮了我大忙。哈哈,葡萄酒呢?我们来庆祝一下。

感谢研究生尼克·史密斯和亨利·帕特曼分享你们的故事,让我能在书中与读者们再次分享。你们太,棒,了!

感谢你,玛丽安·卡琳奇,没有你,我就没有写出上面这些致谢词的理由和机会了!我爱你的真诚和能量,是你让我实现了人生清单上很重要的一件事。

感谢凯瑞尔出版社,出版了我的第一部著作,对你们的谢意我无以言表。期待下一部书也与你们合作,目前这本书已在计划之中了。

感谢两个亲爱的朋友,艾丽萨和克里斯蒂,你们总是给我以鼓励和智慧的话语。哈,我们曾像摇滚明星那样纵情欢乐。我会永远爱你们,一直

致谢
Acknowledgements

爱到星月陨落!

我想与戴安娜碰杯,为我们,为发生的一切干杯!

感谢我曾工作的地方,特别是在关塔那摩的家。现在仍能与你们中的一些人保持联系,我心怀感激。我希望你们的生活已把你们引向成功了。我也要感谢每一位军方成员,感谢你们的荣光、勇气和诺言。这番话听上去可能很俗气很老套,但我真的没有更好的词来形容你们入伍后的精彩表现了。

感谢所有鼓励我写这本书的家人朋友。你们或许都不知道自己以什么方式鼓励了我,也许你们能在这本书中看到你们的痕迹。

感谢读这本书的所有人,感谢曾听我演讲、被我培训过的所有人。你们的存在,给了我分享自己知识和经验的机会。

最后,感谢我家中那些毛茸茸的动物朋友,是你们给了我很多快乐,让我得以保持平静和理性。